Daura Olema García

Maestra Voluntaria

edición crítica
Bárbara D. Riess

© herederos de Daura Olema García - 2021
Foreword, bibliography & notes © Bárbara D. Riess
of this edition © Stockcero 2021
1st. Stockcero edition: 2021

ISBN: 978-1-949938-08-1

Library of Congress Control Number: 2021943381

All rights reserved.
This book may not be reproduced, stored in a retrieval system, or transmitted, in whole or in part, in any form or by any means, electronic, mechanical, photocopying, recording, or otherwise, without written permission of Stockcero, Inc.

Set in Linotype Granjon font family typeface
Printed in the United States of America on acid-free paper.

Published by Stockcero, Inc.
3785 N.W. 82nd Avenue
Doral, FL 33166
USA
stockcero@stockcero.com

www.stockcero.com

Daura Olema García

MAESTRA VOLUNTARIA

edición crítica
Bárbara D. Riess

Índice

Prólogo a la presente edición ... vii
   Itinerario ... vii
   Contexto histórico: Hacia *una* revolución ... x
   Contexto cultural: ¿*una* cultura «revolucionaria»? ... xiv
   La autora y su obra: del «yo» poético al «nosotros» narrativo ... xvi
   De la poesía a la narrativa ... xix
   Recepción crítica: de géneros y géneros ... xxii
   Conclusión ... xxxi
Esta edición ... xxxiii
Obras citadas y lectura adicional ... xxxv
   Fuentes primarias ... xxxv
   Fuentes secundarias ... xxxvi
Temas de estudio, investigación y debate ... xliii

Maestra Voluntaria

Primera parte ... 1
Segunda parte ... 13
Tercera parte ... 29
Cuarta parte ... 103
Quinta parte ... 129
Epílogo ... 131
Apéndice ... 133

Prólogo a la presente edición

> ...hay que ver lo que es esto para sentirlo a fondo. Ya lo verás.
> (*Maestra voluntaria* 48)

Itinerario

Tal consejo recibió Vilma, la protagonista de *Maestra voluntaria*, acerca de «esto», la Revolución Cubana de 1959. Había llegado a la Sierra Maestra, cuna de los guerrilleros rebeldes, para tomar un curso para ser maestra en la Campaña de Alfabetización de 1961. Había llegado tal como su autora, la escritora Daura Olema (1933-2021), como partícipe en esta movilización histórica de cientos de miles de voluntarios que enseñaron a leer a más de 700.000 cubanos. Al volver Olema escribió, según la experiencia vital recogida en su diario, *Maestra voluntaria*, que para su gran sorpresa recibió el tercer Premio Casa de las Américas a la mejor novela de 1962. Desde la solapa interior de su portada, «el cuentero mayor» Onelio Jorge Cardoso (1914-1986) abre el libro:

> Daura Olema García tiene una juventud de veinticinco abriles y éste es su primer libro de aliento largo. Este es un libro anotado día a día, minuto a minuto, escrito al principio como con rencor de su corazón hacia una revolución que bajaba del cielo como un rayo o surgía de la tierra como una inesperada explosión... Este geográfico itinerario por la tierra y la piel de su pueblo ha dejado para nosotros un importante documento, un testimonio sencillo y conmovedor de lo que fueron aquellos días de los primeros maestros de la Sierra. Documento para hoy y sobre todo para mañana.

La descripción de Cardoso sirve de paratexto que establece ciertas expectativas al aproximarnos al texto, ya seamos lectores del año 1962 o del 2022.[1] Promete que al leer las páginas de *Maestra voluntaria* se aprehende «lo que fueron aquellos días» en Cuba en el año 1961 y que el texto será relevante para nosotros, los lectores del futuro. Se destacan la perspectiva juvenil, el fundamento de un diario y una representatividad simbólico-nacional del fenómeno portentoso «Revolución»[2]. Además, el cuentero emplea el término «testimonio» que, para los que estudian la literatura latinoamericana, marca un hito en la evolución de la narrativa en la segunda mitad del siglo XX.

Además de estas características llamativas, la reacción inmediata al premio Casa y la recepción de la novela a lo largo de los años justifican la intriga que puede suscitar su publicación de nuevo.

Casa de las Américas fue fundada en La Habana en 1959 con fines de desarrollar las relaciones socioculturales entre Latinoamérica y el Caribe, proporcionar un espacio para el intercambio entre la vanguardia[3] intelectual internacional y promover artistas del llamado *boom* literario latinoamericano y la naciente cultura revolucionaria cubana.[4] Sus premios de literatura adquirieron un prestigio notable dado el de la Revolución Cubana como modelo de la lucha izquierdista en la región. Pero la crítica no simpatizaba con la decisión por parte del jurado de seleccionar *Maestra voluntaria*, señalando su función didáctica y cuestionables méritos literarios de contenido y composición.[5] No obstante, luego de su publicación inicial, la novela sirvió de base para el guión de una película, *En días como estos* (Jorge Fraga, 1964), del Instituto Cinematográfico de Artes e Industria Cubanos (el ICAIC, también formado en 1959). Y después, se borró: la novela quedó en su primera edición y la autora no publicó otra obra literaria hasta el año 2015.

---

[1] *Paratexto*: El paratexto es «aquello por lo cual un texto se hace libro y se propone como tal a sus lectores, y, más generalmente, al público» (Genette 5). En otras palabras, son los textos que acompañan el libro original, como la nota de Onelio Cardoso y la biografía de Olema que aparecen en la solapa del libro del Apéndice (los peritextos). También son las reseñas del libro y los estudios académicos (los epitextos) que uso en la cuarta sección de este prólogo para «hacer del texto» esta edición de Stockcero.

[2] En este prólogo la palabra «Revolución» con mayúscula se refiere a la lucha que culminó en 1959 y la hegemonía que se desarrolló en la isla a partir de su triunfo; el concepto «revolución» se escribe con minúscula.

[3] *Vanguardia*: Avanzada de un grupo o movimiento ideológico, político, literario, artístico, etc. (RAE).

[4] *Boom*: Nombre de la corriente literaria de los años sesenta y setenta en la que figuran Julio Cortázar, Gabriel García Márquez, Carlos Fuentes, Mario Vargas Llosa, entre otros. Avelar (136), Franco (45) y Quiroga (123-4) subrayan la correlación entre la Revolución Cubana (y la centralidad de Casa de las Américas) y el surgimiento del *boom* latinoamericano.

[5] Un jurado dividido otorgó el premio: Félix Pita Rodríguez, Raúl Larra (a favor) y Juan Goytisolo (en contra).

La génesis, producción y recepción del texto conforman un retrato de la afluencia de eventos del año 1961. Entre los múltiples caminos hacia la legitimación del poder en la Revolución, ese año fue determinante. Por esa razón, primero presento con cierto detalle el contexto histórico y cultural de ese año y después ubico a la autora y su obra en ese contexto. Parto de la teoría cultural que conecta la cultura, en este caso el libro, con sus condiciones materiales, o mejor dicho considero que «el todo textual es a su vez parte de un todo mayor: la sociedad, de donde parte y a donde regresa».[6] Desde su publicación, la novela ha generado una bibliografía extensa. La presento consciente de que estoy conformando otro paratexto para «darle presencia», en las palabras de Gérard Genette, al libro, en esta edición.

Mi propio itinerario interpretativo, claro está, marca este prólogo y las anotaciones a la novela. Como profesora en la academia norteamericana, donde la experiencia vital del civismo y servicio social surgen como formas de aprendizaje necesarias y legítima práctica pedagógica, me llamaron la atención los temas centrales en la novela de la alfabetización y la socialización. Además, como estudiosa de la teoría feminista, encuentro que «la experiencia», como eje central y principal fuente de conocimiento en *Maestra voluntaria*, estimula una contemplación crítica del «conocimiento situado» frente a los modelos epistemológicos hegemónicos.[7] El título exige preguntar: ¿Qué aprende o enseña esa «maestra» anunciada en el título? ¿Y cómo?

La novela retrata a una joven que aprende a «saberse revolucionaria». La solidaridad y el sentimiento de pertenencia que experimenta al subir a la Sierra se convierten en compromiso hacia la Revolución guerrillera de la que había dudado antes. El contenido documental de *Maestra voluntaria* informa acerca del medioambiente natural hostil de las montañas remotas de Cuba, de los retos cotidianos de la vida del campamento y de la invasión militar de Playa Girón,

---

[6] La cita es de Aralia López González (34) y parte de la tradición teórica de la crítica literaria marxista de, por ejemplo, el crítico Terry Eagleton (101) con respecto a la función de la ideología la literatura, en especial en momentos de cambio de los valores dominantes en la sociedad.

[7] *Conocimiento situado*: Concepto de Donna Haraway que permite reconocer la importancia del lugar desde donde se habla al examinar la producción del conocimiento. Enfatiza la visión parcial que implica este conocimiento y recalca la importancia del cuerpo del sujeto que lo enuncia (188-201). Aquí, sirve para explicar cómo el proceso que representa Olema en *Maestra voluntaria* se puede leer como uno de incorporación social, más allá de un simple proceso de indoctrinación ideológica.

momento decisivo en la pugna del poder hegemónico de la Revolución. Por otra parte, el elemento épico[8] del lenguaje simbólico en la novela es fundamental en la consolidación de un nuevo idioma e imaginario nacional: la gestación simbólica del cuerpo político-social de *un pueblo revolucionario*. La combinación esquemática de lo documental y lo épico y el lenguaje popular construyen un discurso accesible, fácil de leer. Por esta razón me he dedicado a esta edición del libro. Ayuda al lector contemporáneo meterse de lleno en ese momento tan importante en el que algunos cubanos llegaron a creer lo suficiente en la Revolución Cubana para dedicar la vida a un proceso que, en última instancia, cambió radicalmente la cultura y el destino de cada cubano del momento hasta hoy.[9]

Contexto histórico: Hacia *una* revolución

Es común pensar de forma categórica en la Revolución Cubana como «una revolución comunista». Y, de una manera, es cierto: desde 1965 el único partido político en el poder en Cuba ha sido el Partido Comunista Cubano (PCC).[10] Sin embargo, en el momento cuando el dictador General Fulgencio Batista huyó de la isla el 1 de enero de 1959, competían visiones rivales del significado de «la Revolución» que acaba de triunfar. Estas visiones son heredadas de la historia de la isla y están circunscritas por las condiciones geopolíticas mundiales del momento. Como señala el epígrafe a este prólogo, «situarse» entre o ante ellas para muchos no fue una decisión repentina, sino fue una cuestión de experiencia vital, una de las lecciones más importantes que deja *Maestra voluntaria* para los que nos acercamos hoy a su lectura. La Campaña de Alfabetización formó una parte decisiva de este proceso de socialización: educó a grandes sectores de la población

---

8   *Epopeya*: en su acepción literaria, un poema narrativo extenso de tono grandilocuente que relata hechos heroicos de una persona histórica en el que suele intervenir lo sobrenatural o maravilloso. La historia de la inusitada lucha guerrillera y su triunfo tomaron dimensiones épicas para convertirse en la epopeya de su momento.

9   La idea de esta edición nació cuando una estudiante mía de ascendencia cubana, Kaitlyn Torres, quiso saber: «¿Por qué creyeron los cubanos en la Revolución?». Para contestar su pregunta estudió, entre otros textos, *Maestra voluntaria*. En su reporte reveló que la participación cívica, la solidaridad y el simbolismo de la novela informaron su comprensión de la complejidad de la pregunta y sus posibles respuestas.

10 Según la Constitución de 1976, El Partido Comunista de Cuba, martiano y marxista-leninista, vanguardia organizada de la nación cubana, es la fuerza dirigente superior de la Sociedad y el Estado (*EcuRed*).

a compartir una visión particular de un futuro para la Revolución. La invasión de tropas a la Playa Girón sucedió durante esta Campaña, en abril de 1961.[11] Después de la victoria militar de las tropas cubanas, las múltiples visiones de la Revolución se tornaron una sola –una visión que tomará más de una década para consolidar su hegemonía.

La herencia de una doble colonización caracteriza el sustrato histórico-cultural y demográfico de la isla y se notará en la representación de la socialización del concepto «revolución» en *Maestra voluntaria*. A grandes rasgos, la monarquía católica del Imperio Español forjó las instituciones y la demografía de la sociedad colonial cubana durante cuatro siglos. Después de la conquista de la isla, su ubicación de «peldaño en el mar» hacia las otras colonias, la esclavitud y la economía de plantación contribuyeron a formar el sustrato demográfico-cultural del país.[12] De la segunda colonización, la incursión económica de los Estados Unidos (EE.UU.) en la independencia de la nación isleña en 1898 y durante medio siglo de la etapa republicana, quedó un legado de intereses económicos y valores culturales que también forjó una fuerte cultura de resistencia en la población diversa y desigual.

La cercanía geográfica y relación entre Cuba y los Estados Unidos fue determinante en el camino que la nación tomó hacia «una» Revolución. Es decir, también es importante recalcar que el proceso de definir «una Cuba revolucionaria» se llevó a cabo entre las pugnas ideológicas del momento histórico mundial. La búsqueda de modelos sociales alternativos fue circunscrita por la Guerra Fría, conflicto global que dividía los grandes poderes en dos campos ideológicos polarizados (comunista o capitalista): los EE.UU. y la Unión de Repúblicas Socialistas Soviéticas (URSS). Durante este tiempo, los intentos mundiales hacia la descolonización se tomaron de batallas en esa gran guerra; algunas propuestas izquierdistas hacia la reforma igualitaria adquirirían el espectro amenazante del comunismo estalinista que caracterizó al bloque soviético desde los años treinta. Es decir, durante esta etapa de «Instauración del poder revolucionario» el movimiento

---

11   Véase la nota 86 de la novela.
12   Metáfora tomada de "Añejo cinco siglos" de María Elena Llana. De la población indígena (ciboney y después taína) casi eliminada, quedan asociaciones étnicas y un léxico visible en los nombres geográficos *(Cuba Reader* 20-36). En el siglo anterior a la abolición de la esclavitud en Cuba (1886), mediante la trata de esclavos se introdujeron a más de un millón de africanos a la isla (*EcuRed*).

hacia un modelo alternativo generaba una reacción según esta dualidad.[13]

La unidad de propósito de la liberación de la nación se convirtió en euforia nacionalista una vez que el dictador dejara la isla. Coordinada entre los guerrilleros de las montañas y los insurrectos de las ciudades, la lucha había abarcado varios estratos sociales e ideologías que buscaban un mismo fin –la independencia y soberanía nacional– articuladas mediante un vocabulario que citaba las ideas del héroe de la frustrada independencia decimonónica, José Martí.[14] Coexistieron por un tiempo breve los intereses de los grupos que buscaban restaurar la república democrática, los que buscaban reformar el modelo económico de forma democrática-socialista y los que querían romper con el sistema capitalista y seguir un modelo nacionalista marxista-leninista. E incluso, había divisiones entre estos tres grupos.[15] En principio, grandes sectores de la sociedad se veían representados, de una forma u otra, en las reformas inmediatas y las declaraciones nacionalistas, democráticas y humanistas de la figura representativa de la Revolución en la isla y ante el mundo, Fidel Castro.[16] Carmen Ochando Aymerich capta el momento mediante esta descripción del sector intelectual:

> Cuba deviene el centro del mundo. Intelectuales, escritores, políticos y profesionales de todo tipo acuden fascinados a observar el proceso revolucionario de los jóvenes barbudos. Un «huracán» que quiere arrasar la dependencia económica y el subdesarrollo cultural azota la isla. Nadie, en principio, presta atención al cierre de los diarios y otras publicaciones, o a los juicios y ajusticiamientos «populares» contra los criminales de

---

13   Juan Valdéz Paz divide este período en dos: primero, 1959-1961, «La institucionalidad revolucionaria» y segundo, 1962-1963 «La institucionalidad socialista» (16-17); el tiempo histórico de la novela se ubica en el intersticio entre los dos.

14   Véase la nota 103 de la novela. Las ideas del llamado Apóstol de la Independencia José Martí sustentan posturas disímiles con respecto a la Revolución. Por ejemplo, se encuentran como base de la declaración inicial de Fidel Castro, *La historia me absolverá* (véase la nota 71 de la novela) que unía el Movimiento Revolucionario 26 de Julio (M-26-7), y se usan para legitimar tanto las primeras reformas después del '59 como la naciente resistencia a ellas. Los múltiples grupos y partidos (como el M-26-7, el Partido Socialista Popular, el Directorio Revolucionario Estudiantil) que se vieron en pugna para el poder se incorporaron a la Organización Revolucionaria Integrada (1961), el Partido Unido Revolucionario Socialista (1963) y finalmente el Partido Comunista Cubano (PCC) en 1965.

15   Por ejemplo, hubo conflicto entre los marxistas pro-soviéticos y los que se apegaban al izquierdismo marxista occidental.

16   Véase la nota 6 de la novela.

guerra. La revolución, la juventud y la pasión absorben las conciencias y las dudas. Entre la adhesión sincera de muchos intelectuales, los gritos desaforados de algunos, la huida de bastantes y el silencio cómplice de la mayoría, la revolución inicia su marcha en el poder. (77)

En otras palabras, la liberación desató las fuerzas de ruptura y reforma del orden establecido cuyo futuro se decidía mediante la acción decisiva de «los jóvenes barbudos» del uniforme verde olivo. De inmediato, el gobierno revolucionario comenzó un proceso de nacionalización generalizada de los recursos e instituciones en la isla (desde la propiedad, la tierra y las empresas, hasta la educación, la prensa y la producción cultural) y una política de movilización cívica para defender y reconstruir la nación.[17]

Tales esfuerzos provocaron reacciones internacionales que sellaron el destino de la nación. Ante los procesos de nacionalización de la economía y la política reaccionaria de los EE.UU., hubo un acercamiento a la URSS para acumular los recursos necesarios para mantenerse como sistema.[18] Aumentaron las fracturas sociales y las facciones armadas de resistencia tanto en la isla como en el extranjero. La tensión culminó en 1961 cuando la Brigada 2506, un grupo de exiliados organizado en el extranjero con el apoyo encubierto de los EE.UU., invadió la isla y fue derrotado. En el combate contra la invasión por la superpotencia capitalista, se declaró el carácter «socialista» de la Revolución, declaración que Daura Olema incluye *verbatim* en *Maestra voluntaria*.

En última instancia, la radicalización de las múltiples visiones en pugna y el conflicto bélico contribuyeron al proceso de ubicarse como individuo ante «la Revolución». Este intersticio en el que no se sabía que «ser revolucionario» equivalía a «ser socialista» o «comunista» marca el lugar de enunciación de *Maestra voluntaria*. Y, la incertidumbre ante lo que se consideraría una literatura «revolucionaria» después del año 1961 determina su recepción.

---

17   Para finales de 1961, un 85% del valor productivo institucional estuvo bajo control del Estado (Mesa-Lago 283). Más allá de las milicias civiles, antes de 1961 ya existían varios grupos para incorporar a grandes sectores sociales al proceso revolucionario. Por ejemplo, en los barrios y fábricas los Comités de la Defensa de la Revolución (CDRs, 1960) contaron con más de un millón de personas; había asociaciones para trabajadores, el Central de Trabajadores de Cuba (CTC), para jóvenes, Asociación de Jóvenes Rebeldes (AJR), para mujeres, Federación de Mujeres Cubanas (FMC) y para agricultores, Asociación de Agricultores Pequeños (ANAP), entre otras (Fagen 69-103).

18   Mesa-Lago, 33, 81-104.

Contexto cultural: ¿una cultura «revolucionaria»?

De manera semejante a la esfera político-económica, emergieron múltiples visiones a la hora de concebir una «literatura revolucionaria» y de negociar la política cultural del naciente Estado cubano. Asimismo, estas posturas y el proceso de negociarlas respondieron a la herencia histórica cultural y las contingencias de la época. Es más, la movilización cívica, el huracán de acción de los primeros años de la Revolución, hundió la posibilidad del momento de recolección tranquila de la desbordada emoción, para recordar la receta literaria de Wordsworth. En el fervor de los eventos de 1961, también se cuestionó la relación entre los intelectuales y artistas y el Estado socialista de la Revolución Cubana que acababa de declararse como tal.

La búsqueda de definir una literatura nueva que respondiera a los tiempos de ruptura y cambio revolucionario se caracteriza por una dualidad estética tradicional en la aproximación o valoración del arte. La yuxtaposición de corrientes artísticas entre «el arte por el arte» y al arte de «compromiso social» tiene una larga tradición en la historiografía literaria.[19] Por otra parte, la connotación del arte «revolucionario» implica una ruptura con el pasado y la creación de algo innovador. En el caso de estos años en Cuba, establecer un campo cultural legítimo pone en relación directa la vanguardia artística y la vanguardia político-militar socialista en una negociación en la que el año 1961 resultaría determinante.

Después de la declaración del carácter socialista de la Revolución en abril, se agudizó la pugna por el poder cultural a causa de un caso de censura por parte del nuevo Consejo Nacional de Cultura (formado el 4 de enero de 1961).[20] La censura legitimaba el temor, dada la declaración reciente y la afiliación del Consejo al Partido Socialista Popular (PSP, véase la nota 9 de la novela), que se exigiría una estética del realismo socialista a la expresión artística en la isla.[21] El

---

19 En el caso de Cuba, Antonio Kapcia traza esta tradición. Por ejemplo, yuxtapone a los poetas modernistas José Martí y Julián de Casal: la búsqueda de identidad poética y política-nacional en la Independencia de Cuba en el primero, se contrasta con la identidad poética estética en el segundo (66). Se agudizan estos polos estéticos al equivaler el «compromiso social» al compromiso con la Revolución.

20 El ICAIC desautorizó la exhibición del cortometraje *PM* dirigido por Sabá Cabrera Infante. Según Ochando Aymerich, el debate, El Primero Congreso Nacional de Escritores y Artistas de Cuba, «marcará el fin de esta primera etapa, digamos transitoria e indefinida, de la política cultural de la revolución» (79-80).

21 *Realismo socialista*: término soviético acuñado en 1934 para describir el método ideal

debate que resultó entre los intelectuales, artistas y los miembros del Consejo tomó lugar en la Biblioteca Nacional y duró tres días. Para la clausura del evento, intervino Fidel Castro con un discurso conocido después como «Palabras a los intelectuales». En su discurso cuestionó el miedo que tenían los intelectuales de la Revolución y pronunció una sentencia breve y contundente con respecto a la expresión artística: «Dentro de la Revolución, todo; contra la Revolución ningún derecho».[22] Es decir, Castro exigía a los artistas e intelectuales que se ubicaran a sí mismos ante la Revolución para asegurarse de que su arte fuera revolucionario. De nuevo, se destaca la experiencia vital – la participación o identificación con el proceso revolucionario– como el criterio de la legítima esencia «revolucionaria».[23] Como resultado de estos debates de junio 1961, se formó La Unión de Escritores y Artistas Cubanos (UNEAC) en agosto del mismo año como estructura estatal oficial para integrar a los artistas «dentro» de la Revolución.[24]

Casa de las Américas era el hogar internacional, por decirlo así, de la producción cultural «revolucionaria» hasta ese momento.[25] Según la historiografía literaria cubana, la narrativa en la isla durante estos primeros dos años se dedicaba a la representación artística de tres temáticas: la frustración republicana, la lucha contra la dictadura o los temas humanistas que no tocaban el tema «Revolución».[26] De hecho, los primeros premios de Casa de las Américas destacan dos novelas

---

para la creación y la estética (Estébanez 907). «Exige del artista una representación veraz, históricamente concreta, de la realidad en su desarrollo revolucionario. Además debe contribuir a la transformación ideológica y a la educación de los trabajadores según el espíritu del socialismo» (citado en Gallardo 53).

22 *Política cultural* (17). Aunque se citan frecuentemente estas palabras como fundamento de la construcción de una política cultural, ésta tarda más de una década en concretarse.

23 Es importante notar que en esta sentencia no se utiliza la polaridad dentro/fuera; al sustituirse la palabra «fuera» con «contra», se apropia del espacio interior nacional como un lugar «revolucionario» de por sí. Niega la posibilidad de que el «afuera» se legitimara como lugar de enunciación de una cultura revolucionaria (Quintero Herencia 364-5).

24 Nota Julio César Guanche el sustrato ideológico del PSP en la formación de la UNEAC y esclarece el impacto del evento aquí narrado, «aunque no hay referencias expresas al socialismo en *Palabras a los intelectuales*, comenzaría a operar una fusión semántico-ideológica entre *Revolución* y *Socialismo*, que iría haciendo posible que los antisocialistas ya no pudiesen proclamarse revolucionarios, y que la expresión *con* la Revolución connotara, en la práctica, *con* el Socialismo» (113, énfasis suyo).

25 Para publicar obras de diseminación al público nacional, existía la Imprenta Nacional, establecida en marzo 1959. Fue el centro de publicación y distribución literaria, junto al Departamento de Literatura y Publicaciones del Consejo Nacional de Cultura (Smorkaloff 86).

26 Véase a Lourdes Casal, «Literature and Society» (Mesa-Lago 453-4 y 463) o Salvador Redonet, *Vivir del cuento* (72-80). Seymour Menton divide esta etapa en 2: «La lucha contra la tiranía» (1959-1960) y «Exorcismo y existencialismo» (1961-1965) (9).

de escritores reconocidos y textos de convenciones literarias canónicas y temáticas de los primeros dos tipos.[27] Al otorgar su tercer premio literario en la categoría de la novela a Daura Olema por *Maestra voluntaria*, Casa señala una postura alternativa posible en torno a la negociación institucional entre los artistas y el Estado.

La autora y su obra: del «yo» poético al «nosotros» narrativo

No es de sorprenderse que la biografía de Daura Olema García esté marcada por la gran ruptura en la historia cubana del año 1959. Pero sí, quizás, que mi investigación bio-bibliográfica también haya revelado la escisión como leitmotiv[28] de la voz poética de la escritora afanosa de buscarse a sí misma en la apreciación de los demás.[29] Al ser premiada por *Maestra voluntaria*, Olema se vio integrada a la esfera institucional cultural del emergente Estado, aunque no lograra ubicarse ni destacarse en ella. Sus poemas fueron publicados en 1958 en *Colección de poetas de la ciudad de Camagüey* y después en un poemario suyo de poesía juvenil *La canción viene del río* en 2015. La voz poética revela una sensibilidad romántica de un «deber ser» que simultáneamente anhelaba y rechazaba el objetivo de su búsqueda incesante. En otro paratexto, «Contra la odisea, Daura», el prólogo de La canción viene del río, Lina de Feria[30] halaga este paradójico perfil de Olema: «Ella pone al día el altavoz de la pena sola. Fértil, no cabría en una clasificación punitiva de un contador de altura. Ella es la esencia de la caridad. Redondea la vida, la bifurca y allí entra en trance saldando cuentas» (5). Su apreciación subraya la dificultad de categorizar a la escritora y la bifurcación característica de su expresión artística, que se notan también al aproximarse a *Maestra voluntaria*.

---

27   José Soler Puig recibe el primer premio Casa por su novela *Bertillón* 166 (1960) de la resistencia urbana contra la dictadura; Dora Alonso, el segundo por *Tierra inerme* (1961), una «novela de la tierra» que denuncia la injusticia campesina; cabe notar la relación entre la temática de estas dos novelas y la declaración oficial del año 1959 «Año de Liberación» y del 1960 «Año de la Reforma Agraria».

28   *Leitmotiv*: motivo central o asunto que se repite (*RAE*).

29   Esta reconstrucción es fruto de una entrevista personal a la autora, el estudio de su poesía y el testimonio inédito de su segunda hija. Hay detalles al respecto en la sección «Esta edición» de este prólogo.

30   Lina de Feria Barrio (1945), poeta y ensayista cubana. Fue otorgada el Premio Nacional de Literatura en Cuba en el año 2019.

Daura Olema García nació en 1933 en la ciudad de Camagüey.[31] Hija de una familia acomodada, de joven formaba parte de un grupo de jóvenes de intereses literarios. Dejó sus estudios al casarse a los 20 años y dar a luz a su primera hija, Daura Elena, a quien dedica *Maestra voluntaria*. Pronto se trasladó sola a La Habana donde trabajaba de representante de productos ROUX cuando decidió colaborar con la Campaña de Alfabetización.[32] Se integró al Tercer Contingente de Maestros Voluntarios y salió para la Sierra Maestra en febrero de 1961, graduándose del programa en junio del mismo año, enamorada del proceso revolucionario y de un joven escritor español. Ese joven la retó a enviar un texto al tercer concurso de Casa de las Américas.

A Olema el premio la convirtió de inmediato en representante de la cultura de la Revolución a la que, como confiesa en el epílogo, le entregó el alma. A pesar de sus casi treinta años, «la muchacha», como le dicen los editores en la nota biográfica del libro, se vio súbitamente incluida en varios proyectos de promoción del proceso. Continúa la nota en la solapa del texto: «Ahora trabaja en el ICAIC; y en el momento en que esta novela llega a manos del público, representa a nuestro país en el VIII Festival Mundial de la Juventud, en Helsinki». Es decir, Olema no estuvo presente a la hora de publicarse el libro ni para finalizar la película basada en él.

De manera que no fue reconocida en el momento por ser escritora, sino por ser portavoz de la Revolución. Así se vio a sí misma también. Concluye la nota biográfica del paratexto de la edición de 1962 de Casa de las Américas citando directamente a Olema, que declaró «lo primero es trabajar y vivir revolucionariamente». Al volver de su viaje, trabajó para Prensa Latina[33] y, al casarse con un oficial, tuvo a su segunda hija. Siguió en varios órganos oficiales (*Revista Cuba, Verde Olivo y Radio Rebelde*, al margen de la esfera literaria, hasta ju-

---

31 La información biográfica es contradictoria, según su fuente. Por ejemplo, la fecha de su nacimiento en la primera colección de poesía es 1935. Menton (25) y Campuzano (1988: 83) sacan la cuenta de la solapa de *Maestra voluntaria* en la que Cardoso le atribuye sus «25 abriles» y apuntan su nacimiento en 1937. Según el año que confirmó la autora, 1933, para la estancia en la Sierra, la premiación y publicación del libro, Olema habría tenido unos 28 y 29 años.

32 Compañía norteamericana de productos para el pelo que compró la marca Revlon en los años setenta. Al complicarse las relaciones comerciales entre Cuba y EE.UU., ROUX le ofreció a Olema una visa y trabajo en Miami mientras se aclarara la situación política del país; así, como la protagonista de su novela, subió a la montaña para considerar las opciones antes de tomar una decisión.

33 Agencia Informativa Latinoamericana fundada en Cuba en 1959.

bilarse en 1988.³⁴ El Premio le había dado entrada a esa esfera, pero Olema no supo posicionarse como escritora ante las «alineaciones» que centralizaron la producción cultural estatal a lo largo de la década de los sesenta.³⁵

La obra poética de Olema se caracteriza por una sensibilidad intimista y alejada de las cuestiones sociopolíticas de su época. La búsqueda implacable e irresuelta de su ser en otros marca la apremiante subjetividad del individuo característica del romanticismo en su poesía.³⁶ Se nota la profunda escisión en la voz a la vez ingenua y taimada que busca, sobre todo, interlocutor –sea el amado, la luna, una rosa o un pájaro– a la vez que se siente acechada por él. De los nueve poemas suyos en la colección de 1958, siete se dirigen directamente a un lector explícito. De los 27 poemas en *La canción viene del río*, 25 también se dirigen a un «tú», que, como este ejemplo, domina el fundamento de su propia poética:

> Soy el poema
> que tú nombraste
> aquella extraña
> noche de sola
> palabra alada. (2015: 17)

Aparecen figuras repetidas en la representación poética de su búsqueda. Olema favorece la enumeración y la antítesis –el nombrar y oponerse a lo nombrado– para aproximarse a lo inasible. Frecuentes en *Maestra voluntaria* y sugerentes de una meditación pausada e incompleta, los puntos suspensivos aparecen en su poesía también. Tomamos como ejemplo emblemático de estas características «Puedo darle su nombre» de su poesía temprana:

> Puedo darle su nombre a todo lo que palpo,
> esta silla, ese espejo, esta flor, aquel piano,
> todo tiene un sentido, un origen exacto
> una forma precisa, un conjunto de rasgos.

---

34   En 2001, viajó a Italia para estar presente en el nacimiento de su segundo nieto. Vivió allí hasta su muerte por la enfermedad del coronavirus el 29 de marzo de 2021.
35   Ochando Aymerich da un resumen muy claro de las alineaciones institucionales, las figuras literarias que lograron posicionarse y las otras que no (80-90).
36   El Romanticismo es una corriente literaria europea que aparece a finales del siglo XVIII. Se caracteriza por una reacción contra el racionalismo de la Ilustración y el Clasicismo, dándole importancia al sentimiento. Se desarrolla en Hispanoamérica como expresión artística durante las Guerras de Independencia. José María Heredia y Gertrudis Gómez de Avellaneda son los poetas románticos emblemáticos de la poesía cubana.

> Hasta tú tienes nombre... y tu boca... y tus manos,
> son como tantas otras que se han ido olvidando
> al pasar por el tiempo los minutos cantando.
> Qué curioso destino de los seres humanos;
> yo quisiera ser algo que llegara a tus labios
> una parte de todo lo que nunca ha llegado...,
> y que tú me miraras con los ojos extraños
> como llenos de todo lo que nunca han mirado;
> entonces yo tendría todo el fulgor de un cielo
> y mis ojos tendrían toda la paz de un lago. (1958: 103)

Figuran la naturaleza imponente y juguetona, los misterios del tiempo y lo simple cotidiano como cómplices en la búsqueda. En los dos poemarios, Olema recurre también al apóstrofe, el llamado al interlocutor, que se hace más patente y recriminatorio en sus poemas tardíos. En «La tarde se diluye...» (1958) la voz poética observa: «Luna, viniste al fin al agua como un puente, / he podido cruzar sin que me vieran / los ojos acechantes de los búhos» (104). Años más tarde, reclama su presencia en «¡Luna,...»: ¡Luna,/ puñal de azogue, / hieres el agua; / la vuelves loca, / loca de plata!» (2015: 32).

De la poesía a la narrativa

Irrumpen estas figuras poéticas y la sensibilidad romántica en *Maestra voluntaria* donde la voz en primera persona singular se torna plural. La voz narrativa vuelca su búsqueda hacia un nuevo locutor: «¡Cuba!... ¡Qué palabra diremos a tu historia los hijos de esta generación!» (3). La visión poética intimista se proyecta hacia lo colectivo y nacional y la naturaleza se vuelve cómplice en un nuevo nacer: «Frente a las azules montañas que parecen acercarse más unas a otras, es como si descubriera de golpe mi nacionalidad. Como si un sólo dolor en este momento, la naturaleza me hubiera parido en este rincón del mundo» (57).[37] Es más, la misma búsqueda de sí en su entorno, motivo de la voz poética de Olema, se revela en el propósito tras el viaje de la protagonista Vilma al centro del relato. «Cuando todos tienen un camino», se queja la protagonista, «yo no sé el mío». Y, se plantea una solución en forma de antítesis: «Quiero estar con la

---

37 La tradición de la naturaleza nacional como lugar de autorreflexión contiene ecos del poema de Gertrudis Gómez de Avellaneda, «Al partir».

Revolución o en contra de ella, pero clara en mis ideas» (7). Es decir, las convenciones literarias de la narrativa que utiliza Olema para convertir su diario en novela también reflejan el sustrato poético de su expresión artística.

La estructura narrativa se organiza según el esquema del viaje de búsqueda y prueba de la poesía épica. La narración sigue el patrón del héroe que sale a buscar una verdad, se enfrenta a varios obstáculos y vuelve victorioso a casa. Conserva la forma de un diario solo en el orden cronológico; las fechas y días han sido borrados. El paso del tiempo se mide de acuerdo a los obstáculos que avanzan la acción y la autorreflexión de la protagonista. Para ella, Olema inserta una perspectiva bifurcada, un punto de vista «otro» que reacciona a todo a su alrededor que fundamente el proyecto revolucionario. De manera que la sensibilidad hacia el espectro del «comunismo» de la voz polémica se refleja en la descripción del ambiente, y las tensiones de las identidades de clase, raza y género sexual de la época caracterizan el retrato de los personajes con que se encuentra la protagonista, casi al azar. Da una sensación de inmediatez y cercanía a la experiencia narrada.[38]

No obstante, la narración exige una resolución del conflicto, siempre lejana para la voz poética de Olema. El conflicto entre la perspectiva escéptica y su entorno se resuelve a la breve estancia de la protagonista en el campamento. De pronto y sin matices, la narración cambia cuando Vilma experimenta el compañerismo y se siente necesaria al grupo. Sin soporte artístico que describa el cambio psicológico del personaje, la protagonista abandona su reflexión. De repente, ansía integrarse cada vez más al funcionamiento del campamento. Aparecen nuevos retos, pero Vilma no analiza su validez, sino que le preocupa estar a la altura de cumplirlos.

Interrumpe en la narración y descripción de la vida cotidiana en el campamento la invasión de la Playa Girón de abril de 1961. Aparece «un personaje» nuevo, el radio, por el que escuchan la voz de Fidel Castro y se funden los acontecimientos en el campamento con los nacionales. Culminan esta tercera parte del libro los ecos de «¡VIVA CUBA SOCIALISTA!» retumbando por las montañas (102). Así, al intercalar el acontecimiento y discurso histórico nacional, la narración

---

38 Ana Serra identifica el punto de vista dialógico de «la polémica escondida» en la novela (2007: 42). Con respecto a su función, Méndez y Soto nota que dicha técnica realza lo narrado sobre el discurso figurado (124-5).

constata la resolución del conflicto interior de la protagonista; es evidente que está ahora «con la Revolución».

Pero de igual manera, la narración sigue su marco épico del viaje de búsqueda y prueba. Aparece un reto nuevo, el último para los maestros voluntarios: subir tres veces la cima más alta de la Sierra Maestra para probar su valor como maestros voluntarios.[39] Asimismo, aparece un obstáculo nuevo: el propio cuerpo adolorido de Vilma, quien ahora necesita cumplir como jefa de su pelotón. La narración vuelve, más plana y prescriptiva, a la subida angustiosa del Pico Turquino. El reto se cumple mediante la realización del «yo» por medio del colectivo:

> No sé cómo lo hago, pero ayudo y a la vez, siento la preocupación de los demás por mí y eso me fortalece hasta el punto de ignorar por momentos mi propio dolor. Quizás resida aquí la verdadera grandeza del ser humano, en esta unión que somos capaces de sentir. (110)

Al volver al campamento, Vilma saca su libreta de observaciones de jefa de pelotón[40] para enfrentarse a su última prueba: depurar a las compañeras del campamento por faltas de carácter moral o de conducta. En fin, es la inevitable creación de unos «otros» que no pertenecen, la contraparte expulsada antes de la graduación del grupo y su retorno feliz a la misma estación de tren de la que salió, cerrando el círculo de la trama.

En fin, en *Maestra voluntaria* la narración evidencia la escisión característica de la poesía de Olema, tanto en la narradora polémica reflexiva como en la que documenta las hazañas colectivas. La voz del «yo» poético del sujeto que enuncia las ansias de encontrarse se desplaza en la narrativa hacia aspirar al «deber ser» del «nosotros» colectivo revolucionario ideal. La unión triunfante humanista evidencia una sensibilidad romántica patente en el imaginario latinoamericano en la era de las luchas de las independencias nacionales del siglo XIX. Es importante recalcar que el pensamiento revolucionario izquierdista del siglo XX también tiene su elemento romántico, sobre todo en la potencialidad de un *pueblo* ideal —latinoamericano o na-

---

[39] Véase la nota 93 de la novela. Reinaldo Arenas recuerda en su libro *Antes que anochezca* (1992) que este ritual era «como una especie de desfile a la Meca o al Santo Sepulcro» (citado en Gallardo Saborido 83-4).

[40] Campuzano sugiere la posibilidad de que esa misma libreta «corrobora de manera explícita la existencia de un núcleo germinal» de la novela (1997:55).

cional– un gran «nosotros» plasmado por algunos que al final resultaron caudillos, impuestos en nombre de dicho pueblo.[41]

En las palabras que escribe Olema para esta edición, reconoce que así ve el caso de su propio país. Con la distancia de casi sesenta años y un océano de por medio, lamenta que «[t]odo aquello que está dibujado en el libro, por lo que luché denodadamente en esa época, quedó en palabras» (131). En ese año de tumulto de 1961, reconstruir su propia experiencia en palabras le sirvió a Olema para «saldar cuentas» frente a la bifurcación que veía en su camino. En 2019, al verse frente a su libro de nuevo, ve lejana y mal concebida su fe absoluta de aquellos primeros años de la Revolución representados en su libro. Y, aunque no niega el sentimiento que la había inspirado en ese momento,[42] considera que el único valor de su libro es didáctico. Con sus palabras del «Epílogo» insiste en el valor del estudio crítico sobre una exaltada experiencia inmediata para medir una verdad. Así, al dirigirse directamente a los jóvenes, continúa su búsqueda de un interlocutor nuevo; que otros aprendan de su *Maestra voluntaria*.

Recepción crítica: de géneros y géneros

La recepción crítica de *Maestra voluntaria* evidencia las posturas en pugna del momento histórico y los temas teóricos de interés para sus lectores académicos posteriores. De inmediato, recibió una crítica demoledora por la dificultad de categorizar el género del texto y alarmista por su contenido ideológico. Con un poco de distancia crítica, en el *Panorama de la novela cubana de la revolución (1959-70)*, Ernesto Méndez y Soto destaca el valor central del libro:

> La novedad no reside, precisamente, en el punto de vista empleado, sino en la experiencia que informa el mundo novelesco, desconocida en toda la literatura del continente hispanoamericano. Es la experiencia humana la que el lector busca en el ex-

---

41   Se siguen aquí las ideas del Ileana Rodríguez que, desde el punto de vista de los estudios de género, lee en la literatura revolucionaria un momento discursivo potencial de la gestación de un pueblo revolucionario a partir de una subjetividad diferente, en vez de una subjetividad a partir de la diferencia; en fin, se repite la dualidad «sujeto/objeto» y todo lo que esta dualidad, en cuanto al poder, implica. Véase también a Saldaña Portillo.
42   «Fue muy bello» repitió varias veces al hablar del momento en la entrevista, «una realidad más bella que uno pueda fingir».

perimento marxista con el fin de enriquecer su visión de la vida. (124)

La tensión que causó esta novedad ideológico-estética, dados los maniqueísmos de la Guerra Fría y el temor de la imposición del realismo socialista en la esfera cultural de la isla, motivó a que categorizaran *Maestra voluntaria* de reportaje, de novela de tesis, de conversión socialista, de adoctrinamiento o simplemente de propaganda a raíz de la Campaña de Alfabetización.[43] Con los años, a raíz de nombrar el género literario testimonio, «el fenómeno más significativo para la literatura latinoamericana en la segunda mitad del siglo XX», se resucita a *Maestra voluntaria* como texto precursor al nuevo género por su base documental de la experiencia de la Revolución.[44] La proyección épica de la búsqueda de la verdad, esta vez de una mujer heroína, llama también la atención de la crítica feminista y los estudios de género sexual en la literatura. Los propósitos de los críticos en general superan el de analizar la literariedad[45] del texto para destacar la importancia del intersticio que ocupan el libro y su premio en el estudio de la historia de la literatura latinoamericana y cubana.

Para comenzar, en el anuncio del premio en la revista *Casa de las Américas*, le resulta difícil al crítico José María López Valdizón categorizar el texto. Determina que *Maestra voluntaria* «no es una novela sino un reportaje de escasa calidad literaria». Es premiada, según el crítico, por un jurado que se encontró en «un gran aprieto» debido a la falta de calidad de los textos mandados al concurso (55). De modo que no llena las expectativas literarias del crítico, que destaca de la novela una débil caracterización psicológica de los personajes e inconsistencia de la prosa. No obstante, asegura valorar la experiencia a base del contenido de la novela: «el memorable recuerdo de una promoción de educadores que aprendieran la realidad rural de su país en carne propia». Y afirma su postura ante la Revolución Cubana en términos rotundos:

La Revolución Cubana, que es un movimiento dinámico incon-

---

43   *Novela de tesis*: texto que tiene el objetivo de desarrollar una opinión o ideología específica. Campuzano utiliza ese término para referirse a la novela (55). Agüero (62) la denomina un «extenso reportaje»; Serra (2001: 132) y Dopio Black (112) de «propaganda»; Menton (25), Mendez y Soto (25) y Davies (130) destacan la indoctrinación como temática central de la novela.
44   Véase Sklodowska (898).
45   *Literariedad*: concepto desarrollado por Roman Jakobson que estudia la calidad de un texto que lo hace una obra literaria.

troversible, marchaba ya hacia aquellas recónditas regiones del oriente y comenzaba a borrar uno a uno los vestigios de ese pasado oprobioso, esa estancada, adormecida y dolida herencia de la explotación del hombre por el hombre. El propio campamento de maestros voluntarios constituye una avanzada de la vida nueva. Justamente de ese proceso dinámico que debe transformar la realidad e incluso al ser humano, nos habla Daura Olema en su reportaje. (55)

Así el crítico logra situar tanto la novela como a sí mismo «dentro» de la Revolución. Por esta razón, y dado su contexto histórico, se lee el premio como momento oportuno para que Casa de las Américas promoviera a una escritora nueva y una cultura revolucionaria socialista. Marca una ruptura con el patrón anterior; los dos premios anteriores fueron otorgados a dos novelas con características canónicas reconocibles y reconocidas (véase la nota 27). Por eso «el premio de la novela», postula Idalia Morejón Arnaiz sobre el de *Maestra voluntaria*, «plantea una reformulación de los espacios de legitimación literaria» (96). Según su apreciación, este espacio legítimo nuevo privilegia lo político sobre lo estético y para ocuparlo, favorece el modelo de artista-guerrillero (93-4).[46] No obstante, el rechazo de este modelo se notará al premiar después dos novelistas reconocidos y la entrada incompleta de Daura Olema a este espacio escritural.[47]

La observación final de Valdizón les llamará la atención a los críticos futuros de la novela. *Maestra voluntaria*, asevera, «Es un *testimonio* de la experiencia vital (crisol diario en que se forja la juventud de hoy)» (55, énfasis añadido). Durante la década de los sesenta, se desarrolló un género literario nuevo que resultó en la formación de una nueva categoría del Premio Literario Casa de las Américas en el año 1970: *el testimonio*.[48] La atención crítica al respecto

---

[46] Esta exigencia convierte la militancia en criterio determinante para los artistas, lo que, en momentos más o menos severos, resultó el caso. La metáfora del péndulo, que oscila entre el criterio prescriptivo y uno más libre, se utiliza mucho para describir las fases de la literatura cubana de la isla. Por ejemplo, lo hace el escritor Leonardo Padura en *El submarino amarillo* (7-19).

[47] La novela *La situación* de Lisandro Otero (Cuba, 1932-2008, Premio Nacional en Literatura 2002), recibe el premio en 1963 y *Los relámpagos de agosto* de Jorge Ibargüengoitia (México, 1928-1983) en 1964.

[48] Testimonio: género literario en el que un autor recopila las vivencias de un sujeto marginado del mundo escritural y las representa en forma narrativa. Las características varían y es extensa la producción crítica sobre el testimonio. Una muestra se incluye en la bibliografía. Véase a Casañas y Fornet (69-70) y Ochando Aymerich (32-33) para las pautas del premio Casa. La teoría y novelas del escritor cubano Miguel Barnet prefiguran el establecimiento del premio. Se intensifican los debates con la formación de los estudios subalternos y culturales durante los años ochenta (véase a Beverly y

resucita el estudio de *Maestra voluntaria*. Otra vez, ubican al libro en el umbral de aquel nuevo género: «el libro anticipaba un rasgo de la práctica literaria que más tarde institucionalizaría el testimonio», observa Victoria García en su artículo «Diez Problemas para el testimonialista latinoamericano: los años '60 y '70 y los géneros de una literatura propia del continente» (377). Morejón Arnáiz nota que la voz narrativa de primera persona en *Maestra voluntaria* es: «señal de un movimiento hacia lo testimonial» (96). En su aproximación al tema del proceso revolucionario dentro de la escritura femenina en Cuba, Parvathi Kumaraswami concluye que, para las mujeres, como testigos del proceso histórico, la Revolución cataliza el proceso de autorrealización y auto-escritura. Incluye *Maestra voluntaria* en su análisis, aunque nota la ilusión que crea Olema al simbolizar este momento de ruptura mediante una protagonista ficticia.[49] En su conjunto, los estudios sobre el género literario testimonial también subrayan la dificultad de situar a *Maestra voluntaria* (que «anticipa» pero que no «es», sino mueve «hacia» el testimonio).

Al mismo tiempo, el aspecto documental o testimonial invita a que varias aproximaciones a *Maestra voluntaria* la utilizan para entender el curso y consecuencia de la historia de la Revolución. En primer lugar, y es ímpetu de esta reedición, se reconoce que *Maestra voluntaria* sirve de fuente asequible para acercarse al complejo proceso de la creación de un «pueblo revolucionario». De su prosa emerge el retrato vivo de la formación de un nuevo lenguaje con el que, durante los primeros años de la Revolución Cubana, se reescribe la historia nacional.[50] A un nivel, el lector va aprendiendo el léxico, los modismos y hasta las consignas e himnos que se popularizaron en la creación de unas tradiciones y una cultura dominante. Y, como notamos anteriormente, al intercalar documentos de la realidad mediática inmediata,

---

Sklodowska). Morejón Arnáiz resume de forma muy clara el debate que aparece en la revista *Casa* (95-99).

49 Al respecto, vale la pena enfatizar el principio de la biografía antes citada la solapa posterior: «Tras dos largos años sin escribir, se fue a la Sierra Maestra, formando parte del tercer contingente de maestros voluntarios. A su retorno, compuso con aquellas vivencias la novela premiada» (533). El paratexto llama la atención al aspecto de «dar voz» al marginado de la escritura. Kumaraswami nota que no es el caso con la creación de la protagonista ficticia en Maestra voluntaria, cuya objetividad y marginación no vienen al caso: «her neutrality is an illusion, the alienation of middle class under siege» (534).

50 Luis Pérez, historiador, cita como evidencia a Maestra voluntaria, entre muchas otras fuentes de la época, en su análisis del poder del desarrollo de un lenguaje común para hablar de una historia nacional propia en Cuba después del '59 (220).

Olema proyecta la experiencia individual hacia el nivel histórico-nacional. Los discursos de Fidel Castro, copiados *verbatim* al texto, fusionan el momento histórico con el novelesco en su retrato del nacimiento del pueblo revolucionario socialista.

Finalmente, se destaca la experiencia de aprendizaje en el centro del relato como fuente de la legitimación de una nueva tradición histórica. Vilma, la protagonista, estudia «la verdadera historia, del pueblo cubano, no la historia amañada que habíamos aprendido anteriormente en la escuela»(75). Se propone un nuevo canon de textos y eventos para identificarse como ciudadano cubano. «Mi entusiasmo crece parejo al de mis compañeros», exclama Vilma, «La Historia me Absolverá, La Declaración de La Habana, La Reforma Agraria, La Reforma Urbana, Campaña de Alfabetización ya son cosas que no tienen misterios para mí» (76). Para su propio propósito arqueológico, José Quiroga encuentra en *Maestra voluntaria* el momento en el que Vilma recibe el libro *Fundamentos del Socialismo en Cuba*, índice de la importancia que el alfabetismo, la lectura y el libro en sí tienen para reescritura, en futuro perfecto, de la historia nacional (117).

Al respecto, la Campaña de Alfabetización como evento histórico-cultural ha ocasionado aproximaciones a la novela. A manera de contexto, es importante notar que desde septiembre de 1960, Fidel Castro, frente a las cámaras y a la Organización de las Naciones Unidas anunció «la próxima batalla contra el analfabetismo» y declaró el año 1961 el «Año de la Educación».[51] Paulo Freire, autor de *Pedagogía del oprimido*, consideró la Campaña uno de los eventos más importantes en la historia de la educación del siglo XX.[52] Para otros, la Campaña ejemplifica la movilización cívica a fin de consolidar el poder del Estado.[53]

Cualquiera sea el caso, cabe resaltar aquí que la movilización de los jóvenes desde los centros urbanos hacia las regiones rurales tenía

---

51   En Castro, *Discursos*. El analfabetismo era una preocupación anterior del programa de los rebeldes. En 1958, ya se había formado un Departamento de Educación en el Frente Oriental del territorio rebelde liberado de la dictadura. El 80% de los combatientes en las montañas eran analfabetos (Pérez Cruz 100). Había un doble propósito de la alfabetización: «uno de ellos, ampliar el vocabulario y mejorar la dicción; el otro, la divulgación de las ideas revolucionarias, abordando temas patrióticos relacionados con la lucha armada que se desarrollaba en la zona» (de los Santos 17).

52   Amorim, et. al. (6).

53   O para construir conciencia revolucionaria (Blum 41-71). La polémica en torno al valor y el propósito de la Campaña irrumpió inclusive en la campaña electoral estadounidense del 2020 cuando el candidato Bernie Sanders la mencionó. Desató un diluvio mediático (Véase a Álvarez o Gessen).

como finalidad tanto la educación de los analfabetos como la de la concientización de los jóvenes voluntarios. «Ustedes van a enseñar», les dijo Castro, «pero al mismo tiempo que van a enseñar, van a aprender... ellos les van a enseñar el por qué de la Revolución mejor que ningún discurso, mejor que ningún libro».[54] En *Maestra voluntaria*, el retrato de la realidad campesina se filtra a través de la sensibilidad reaccionaria juvenil de Vilma. Por ejemplo, la representación esquemática de los personajes Asunción y Fermín, dueños de la tiendecita al lado del campamento que tiene que cerrarse a causa de las reformas económicas revolucionarias. Asunción es la «buena» campesina que acepta los cambios y aprende a leer (asciende) y el «malo», el reacio Fermín, adquiere atributos negativos y levanta sospechas cuando se opone a la intervención.[55] De la misma manera, la concientización de Vilma y los otros voluntarios de las condiciones en las que viven los campesinos, despierta la heroica pasión de transformar esa realidad. Recuerda Vilma:

> La miseria que yo conocía era aquella que se lee en los libros de historietas, la que se oye luego en cuentos y que se entiende «a medias». Ahora sí la conozco... y por haberla visto tan de cerca, hasta herirme, por esa parte de culpa que tenemos todos, me siento, al igual que mis compañeras, al igual que todo nuestro pueblo, capaz de combatirla. (58)

El aprendizaje recalcado desde esas perspectivas, claro está, es el de la concientización del sujeto cívico; de tal forma, el modelo pedagógico opera por medio de la experiencia del «maestro».

Si *Maestra voluntaria* no contiene un manual de alfabetización, tampoco sirve de *bildungsroman a lo realismo socialista* ejemplar.[56]

---

54   Citado en Keeble (15).
55   Señala Ana Serra que, aunque el espacio creado en las montañas para el aprendizaje mutuo entre alfabetizador y alfabetizado puede borrar la distancia geográfica entre los dos, siempre permanece la dinámica de tratar al voluntario alfabetizador como sujeto transformador que impone su visión futura a su objeto campesino transformado (2001: 133-4). El punto de vista ingenuo de la protagonista ficticia en *Maestra voluntaria* les impone una voz a los personajes campesinos en su retrato maniqueo.
56   *Bildungsroman*: una historia sobre el proceso de maduración de un personaje. Así categoriza el libro Gallardo Saborido (83). En su capítulo "Un apócrifo: el realismo socialista" discute la presencia de la doctrina estética en la política cultural de la isla. Reproducimos su cita del escritor Arturo Arango por su claridad metafórica al resumir el debate: «En verdad, el realismo socialista fue una especie de hombre invisible que asistía a las principales polémicas en el interior de nuestra cultura, incluyendo las reuniones de 1961 en la Biblioteca Nacional. Su aparente incorporeidad fue solo una estrategia de los partidarios de tal tendencia, lo que no aminoraba, en lo absoluto, la contundencia de su estar entre nosotros» (231).

Concuerdan Campuzano y Mendez y Soto sobre este punto. Sostiene el segundo:

> El defecto más grave de la obra no es que defienda el socialismo, *sino que entienda por éste, el espíritu de camaradería que existe en todas las empresas colectivas*, ya sean realizadas bajo un sistema u otro... La autora, en vez de exponer las bases socio-económicas que sirven de fundamento al socialismo, prefiere utilizar aquellos temas que, como la invasión de Playa Girón, fortalecen la conciencia social del hombre. (125, énfasis añadido)

De nuevo, se resalta la experiencia narrada en la novela sobre la didáctica teórica. Inclusive, se nota el escurridizo nombrar poético de Olema al crear la postura de su protagonista al respecto. Hacia el final de la novela, al sentirse acusada por sus compañeras sobre su escepticismo inicial hacia el socialismo, Vilma responde con una pregunta: «¿qué importa el nombre si los hechos demuestran claramente que todo cuanto se hace en Cuba actualmente, llámese como se llame la doctrina que inspira los hechos, es a más de justa, necesaria?» (85). La protagonista acepta la doctrina al experimentar la unidad de propósito del grupo sin entender las consecuencias políticas o geopolíticas al ponerle un nombre. Privilegiar la experiencia como forma de saber sobre una doctrina hace que el discurso literario enfatice la incorporación del individuo al colectivo sobre la conversión ideológica. Sugiere la parcialidad del «conocimiento situado», que en su función ideal, debería abrir un diálogo al plantear una alternativa al conocimiento doctrinal.[57]

Si bien las aproximaciones historiográfico-literarias a la novela buscan categorizarla, la crítica feminista descarta la taxonomía para evaluar el relato de incorporación femenina en *Maestra voluntaria*.[58] Campuzano afirma que la novela:

---

[57] El concepto de Haraway examina la parcialidad del «conocimiento situado» en su estudio de su poder de desafiar la objetividad trascendental que busca la ciencia. Teoriza la apertura de un diálogo sobre la responsabilidad que implica una objetividad que conlleva la generación de las prácticas de ver el mundo (190). Es obvio que la protagonista intenta cerrar cualquier diálogo al afirmar su nueva objetividad sentimental.

[58] Suquet Martínez nombra *Maestra voluntaria* al notar que la incorporación femenina, «tal y como lo reflejan los testimonios de las alfabetizadoras, implicó además una *recorporación*, en ocasiones traumática, una abrupta adaptación del cuerpo a nuevos *deberes ser* antes prohibidos a la mujer» (50, n 21). Kumaraswami examina «el proceso de autorrealización» de la escritura femenina testimonial, siempre incompleto (534).

es de una gran riqueza no sólo por lo que reporta y documenta en la vida en esos campamentos de montaña en los primeros años de la Revolución, de la realidad externa; sino por lo que significa como estudio obsesivo, documentado, de la transformación física, de la adecuación al medio, del triunfo, en fin, de ese cuerpo femenino del que siempre se había dicho que era débil, frágil, delicado, y que va haciéndose fuerte, resistente, poderoso. (55)

En su análisis, Campuzano recuerda que la Campaña de Alfabetización pone en práctica un cambio radical de la configuración de los espacios público y privado y el lugar de la mujer en ellos. De los 270.000 alfabetizadores movilizados en la Campaña, más de 160.000 eran mujeres, es decir un 59% (54).[59] La Federación de Mujeres Cubanas (FMC), formada en agosto de 1960 se integró a la Comisión Nacional de Alfabetización para canalizar a la población femenina hacia la participación en ella.[60] A lo largo de los años, los aniversarios conmemoran la Campaña como un momento de liberación para las mujeres participantes, lo que llama la atención a la falta de reedición del libro de Olema.[61]

También, la crítica feminista que se ha aproximado a *Maestra voluntaria* nota el límite de la incorporación retratada en la novela. En mi propio análisis del libro, he encontrado que el retrato de la socialización militar del campamento y el entrenamiento físico, es decir la vida en verde olivo,[62] postula una liberación solo al servicio de la defensa de la Revolución.[63] La última prueba de la novela sirve de

---

59 Este porcentaje se compara con el 14% de la mujer en la fuerza laboral en 1960 [*Mujeres latinoamericanas en cifras* 38].
60 «La primera tarea común que tuvieron las nuevas organizaciones no gubernamentales cubanas, fue la alfabetización» (Pérez Cruz 150).
61 Por ejemplo, a los 20 años del acontecimiento fueron publicados *El año '61* (1981) de Dora Alonso y *El aula verde* (1982) de Marta Rojas. A los 45, *No era ese el puente* (2006) de Norma Jiménez Senior (*EcuRed*). Desde la óptica extranjera y a los cincuenta años de la Campaña, el documental *Maestra* (2011) de Catherine Murphy recupera las voces de las participantes. Véase también su libro *Un año sin domingos*.
62 *Maestra voluntaria* aparece en un estudio sobre la moda en la literatura de la época. Del retrato de Vilma en *Maestra voluntaria* Cabrera y Suquet sostienen que «Este personaje encarna un nuevo arquetipo literario femenino, la joven mujer cosmopolita de la antigua clase media que renuncia a su antiguo mundo de frivolidad consumista. Notan que «La extensión del uniforme verde olivo o de milicias a la vida civil a partir de 1959 incidió, por otra parte, en los discursos de género, sin llegar a transformar radicalmente los valores conservadores y patriarcales prerrevolucionarios» (202).
63 Siguiendo a Victor Fowler (25-8), cuyo análisis de la construcción del «cuerpo de resistencia» en la escritura masculina de la época y la consecuente exclusión del homosexual, he explorado la representación del cuerpo femenino en *Maestra voluntaria*

ejemplo. El grupo se somete, al subir el Pico Turquino, a un ritual simbólico impuesto por una autoridad patriarcal nueva. El antagonista u obstáculo nuevo es el propio cuerpo de Vilma. Al dominarlo, se incorpora de manera oficial al nuevo mundo simbólico revolucionario. La resolución de la tensión narrativa en *Maestra voluntaria* prefigura entonces lo que muchas críticas feministas han concluido sobre el aspecto «momentáneo» de la liberación femenina en los primeros años: que la lucha de la igualdad entre los sexos durante la Revolución está «modelada desde el poder militar» (Cuesta 17) y que, por la subordinación de los intereses de género a los de la igualdad de clase (Moyleneux 286), la liberación femenina revolucionaria llegó sin emancipación (Cámara 1997: 213).

En su forma y contenido, la novela sirve de ejemplo narrativo emblemático de esta incorporación breve al espacio público. En su análisis de *Maestra voluntaria* y otra novela sobre el año 1961, *Por llanos y montañas* (1976), Campuzano también observa que fue efímera la apertura a las escritoras también, ya que ninguna de las dos escribieron otras novelas.[64]

> De este modo, lo que pudo haber sido el primer capítulo de la *diversidad* en la literatura de la Revolución, se convirtió en un episodio de la historia *unitaria* de la cultura de un pueblo que por distintas razones no estaba en condiciones de asumir la diferencia. (57, énfasis suyo).

Al respecto, hay que recalcar que la concientización de la diferencia racial se representa de la misma forma truncada en el libro. Un lector del siglo XXI quizás encuentre racista el léxico con el que la voz narrativa presenta la concientización racial en *Maestra voluntaria*. Para una sensibilidad actual, la voz narrativa parece deshumanizar a los personajes afrocubanos al describir su físico por partes (sus «facciones») o tropos («Siempre he oído decir que la raza negra es fuerte. Si es así, aquí tenemos un ejemplo») que siguen en el habla popular cubano (24). En la novela marcan, en muchos instantes, la sor-

---

y la prosa de las escritoras de la década (Riess 45). Serra también asevera: «When Vilma achieves the final stages of her transformation, the issue of her gender suddenly appears, as *nature that has been trained*» (2007:49, énfasis suyo).

[64] Dos de los primeros tres premios Casa insertan la voz narrativa femenina como representativa de la transformación del cuerpo político, social y cultural de la nación después de 1959 (véase la nota 27). Una cubana no se llevará otro premio Casa en la narrativa hasta 1978, cuando Marta Rojas comparte el galardón en la categoría testimonio con Eduardo Galeano; de allí será hasta 1995, cuando Marilyn Bobes lo recibe por su colección de cuentos *Alguien tiene que llorar* (Casañas y Fornet 15-24).

presa de Vilma al encontrar que «los responsables» del campamento no son blancos. Por otra parte, en otra ocasión plasma una imagen de incorporación física que experimenta el grupo:

> No sé cómo estoy dándole apoyo de pronto, no sé cómo me puse en pie tan rápido. Sus brazos negros y fríos, llenos de un sudor pegajoso, se enlazan a los míos... La mujer no llora y esto despierta mi admiración... La ayudo a sentarse. [...] Vuelvo a la mujer... tirada así, parece un pesado bulto y su vientre se levanta como un globo sobre el cuerpo gordo y negro. Sus ojos enrojecidos se pegan con angustia a los míos... [...] Me mira, siento su agradecimiento... Nos abrazamos a un solo impulso... Nuestros rostros empapados se pegan uno al otro... Lágrimas y sudor se juntan... (20)

Cesa cualquier observación de la diferencia racial en *Maestra voluntaria* después de la tercera parte de la novela. Desaparece mientras la protagonista valora las acciones más que las apariencias. En última instancia, y de forma semejante a la diferencia de género, la movilización militar interrumpe el proceso de concientización racial, por ingenuo que sea, en la novela.

Fidel Castro, citado en su primer comunicado el 17 de abril de 1961, es el último en hablar del tema en *Maestra voluntaria*. Resalta la diferencia racial al denunciar los objetivos de los invasores de Playa Girón: «Ellos vienen a quitarles al hombre y la mujer negros la dignidad que la Revolución les ha devuelto». Pero la niega a la vez, al normalizar la idea de un pueblo revolucionario homogéneo e universal: «nosotros luchamos por mantener a todo el pueblo esa dignidad suprema de la persona humana» (95). Al enfatizar la experiencia de la solidaridad frente al conflicto bélico, convierte la justicia racial en *fait accompli* para el nuevo pueblo revolucionario.[65]

Conclusión

De tales formas se ha leído «este geográfico itinerario por la tierra y la piel» en *Maestra voluntaria* –a los fines que exigen los paratextos

---

[65] Véase Spence Devyn Benson o Daniele Pilar Cleland, capítulo 1 «Todos somos cubanos», para comprender la dinámica de la ética anti-racista que promueve la Revolución Cubana.

y la época de su recepción. En un principio, *Maestra voluntaria* responde a un contexto en el que la urgencia de la experiencia inmediata desató la imaginación exaltada de un futuro posible. La premiación marca esta encrucijada entre caminos de la historia cultural cubana. Posteriormente, mientras más penetraba una visión del significado de «revolución», se construía una jerarquía de valores cada vez más orientada a favorecer una subjetividad ideal según la pertenencia socialista. En el proceso, se consolida una red de atributos para cumplir con este ideal, atributos que se volvieron requisitos –un «deber ser»– con sus respectivas contrapartes contrarrevolucionarias.[66] En esta coyuntura histórica, sale *Maestra voluntaria* para dejarnos una visión subjetiva de los momentos anteriores a ese proceso. ¿Incidió el libro en la promoción del camino que siguió el país? Desde este futuro camino, muchos han leído la novela con un propósito específico y una postura ante la respuesta de esa pregunta. Ahora les toca responder a los lectores de esta edición.

---

[66] Por ejemplo, se oponen la participación y la apatía, el colectivismo y el individualismo, el trabajo y la vagancia, el sacrificio y el egoísmo para constituir un criterio para determinar quién pertenece (los del primer elemento) o no (los del segundo) a la Revolución (Bobes 132).

Esta edición

Esta edición es una reproducción de la primera y única edición del libro.[67] Olema autorizó que se publicara su libro de nuevo durante una visita que le hice en Turín, Italia, del 20 al 22 de julio de 2019. No ha guardado el diario a base de la novela, pero constató su existencia. *Maestra voluntaria* «no está copiado literalmente como lo copié en la Sierra», dijo. Más bien, afirmó que está escrito «con mi sensibilidad».[68] Al segundo día, redactó las palabras que exigió que acompañaran una reedición del libro, ya que acertó varias veces que el mayor valor de *Maestra voluntaria* es didáctico. Las incluyo como epílogo por razones de cronología y recepción. Más allá de las anotaciones históricas, es la única adición al texto original. Adjunto un facsímil de la carátula como apéndice, ya que esos paratextos han tenido una función tan decisiva en la recepción e interpretación del libro.

Se mantiene la organización original del texto. Los puntos suspensivos para dividirlo siguen la versión original. Para efectos didácticos, se han arreglado los fallos ortográficos de acentuación y puntuación para facilitar la comprensión del texto sin alterar el estilo. Las inconsistencias en el registro en los diálogos, en el uso semántico de las comillas o bastardillas o en el empleo de la mayúscula se conservan tal cual, con una nota aclaratoria al pie de la página para evitar cualquier ambigüedad.

Agradezco el apoyo de múltiples colegas y varias instituciones para

---

[67] La edición original consta de 10.000 ejemplares del texto de 149 páginas. El colofón dice: «Se terminó de imprimir en Julio de 1962, Año de la Planificación, en los Talleres de Tipografía Ponciano, S. A., San Ignacio 254, en La Habana. Editado por Publicaciones de la Casa de las Américas, República de Cuba, Gobierno Revolucionario».

[68] De la comunicación personal durante la visita.

llevar a cabo este trabajo. La investigación inicial de Kaitlyn Torres bajo mi dirección se hizo con el apoyo de una Mellon Grant for Undergraduate Research in the Humanities en Allegheny College. Le agradezco a Kaitlyn su seriedad y los hallazgos. Agradezco el apoyo de Zaida Capote en su lectura meticulosa y aporte a las anotaciones (una «E» adicional a las «N de E») y la camaradería de años, en particular en torno a la organización del XXIV Congreso de la Asociación Internacional de Literatura y Cultura Femenina Hispánica (AILCFH) y el Instituto de la Literatura y Lingüística Cubana (ILL) para el bicentenario de Gertrudis Gómez de Avellaneda en La Habana en 2014, donde presenté por primera vez el análisis del libro. A Andra Fernández García le doy las gracias por recibirme en Turín y ayudarme a comprender la complejidad de la historia y personalidad de su madre. A Madeline Cámara le agradezco mucho los aportes teóricos, el diálogo enriquecedor y el ánimo para continuar el proyecto. Por la lectura minuciosa agradezco a mi colega de Allegheny College, Wilfredo Hernández. Finalmente, aprecio mucho la energía y comprensión de los colegas de la Pelletier Library y el Departament of World Languages & Cultures de Allegheny College, y el apoyo moral de mis amigos y mi esposo-cómplice. Asuma la responsabilidad de cualquier error esta editora que aprendió mucho en el proceso, realizando así *de facto* el objetivo principal de su autora al compartir su libro de nuevo.

BARBARA RIESS
Allegheny College
Meadville, PA EE.UU.
julio del 2021

Obras citadas y lectura adicional

Fuentes primarias

Castro, Fidel. *Discursos e intervenciones del Comandante en Jefe Fidel Castro Ruz, Presidente del Consejo de Estado de la República de Cuba*. http://www.cuba.cu /gobierno/discursos/index.html

——. «Discurso pronunciado por el comandante Fidel Castro Ruz, Primer Ministro del Gobierno revolucionario, en el acto de clausura del Primer Congreso revolucionario de la Federación Nacional de Trabajadores de Barberías y Peluquerías, efectuado en el teatro de la CTC, el 7 de junio de 1960». http://www.cuba.cu/gobierno/discursos/1960/esp/f070 660e.html

——. *La historia me absolverá. A los 60 años del asalto al cuartel Moncada*. Caracas, Ediciones Correo del Orinoco, 2013.

——. «Primer comunicado del 17 de abril». *Fidel: soldado de ideas*. Cubadebate, 2016. http://www.fidelcastro.cu/es/documentos/comunicado-numero-uno

de los Santos Tamayo, Adela. *Con visión de futuro. Testimonio sobre la Campaña Educativa 1958*. Editorial Pueblo y Educación, 1998. «Encuesta generacional». *La Gaceta de Cuba* 50 (1966) pp. 8-9.

Feijoo, Samuel, ed. *Colección de poetas de la ciudad de Camagüey*. Ediciones del Grupo Yarabey, 1958.

Gheshem, F. G. *Las hijas*. Testimonio inédito.

Llana, María Elena. *Ronda en el Malecón*. Editorial Letras Cubanas, 2004.

Olema García, Daura. Entrevista personal. 20-21 julio 2019.

———. «Hacia una nueva vida». *Bohemia* 11(1963) pp. 40-43.

———. *La canción viene del río*. Editorial Gente Nueva, 2015.

———. *Maestra voluntaria*. Casa de las Américas, 1962.

Política cultural de la revolución cubana: documentos. Editorial de Ciencias Sociales, 1977.

Simo, Ana María. «Respuesta a Jesús Díaz» *La Gaceta de Cuba* 51(1966) pp. 4-5.

Fuentes secundarias

Fuentes de aproximaciones literario-culturales

Agüero, Luis. «La novela de la Revolución» *Casa de las Américas* 4:22-3(1964) pp. 60-7.

Avelar, Idelbar. *The Untimely Present: Latin American Fiction and the Task of Mourning*. Duke University Press, 1999.

Barnet, Miguel. «Teoría de la novela-testimonio». *Unión* 6:4(1969) pp. 99-123.

Beverly, John. «The Margin at the Center: On *Testimonio* (Testimonial Narrative)». *Modern Fiction Studies* 35/1 (1989) pp. 11-28.

Campuzano, Luisa. «Cuba 1961: los textos narrativos de las alfabetizadoras: conflictos de género, clase y canon.» *Unión* IX:26 (1997) pp. 52-58.

———. «La mujer en la narrativa de la Revolución: ponencia sobre una carencia». *Quirón o del ensayo y otros cuentos*. Letras Cubanas, 1988. pp. 66–104.

Casal, Lourdes. «Literature and Society». *Revolutionary Change in Cuba*. Ed. Carmelo Mesa-Lago. University of Pittsburgh Press, 1971.

Casañas, Inés y Fornet, Jorge. *Premio Casa de las Américas. Memoria (1960-1999)*. Fondo Editorial Casa de las Américas, 1999.

Cabrera Araús y Suquet, Mirta. «La moda en la literatura cubana 1960-1979» *Cuban Studies* 47 (2019) pp. 195-221.

Cuesta, Mabel. *Cuba Post-Soviética: un cuerpo narrado en clave de mujer*. Santiago, Chile: Editorial Cuarto Propio, 2012.

«Daura Olema». Wikipedia, Wikimedia Foundation, 1 mar 2020, https://es.wikipedia.org/wiki/Daura_Olema

Davies, Catherine. *A Place in the Sun*. London: Zed Books, 1997.

Díaz, Duanel. *Palabras del trasfondo. Intelectuales, literatura e ideología en la Revolución Cubana*. Editorial Colibrí, 2009.

Dopico Black, Georgina. «The Limits of Expression: Intellectual Freedom in Postrevolutionary Cuba» *Cuban Studies* 19 (1989) pp. 107-142.

Estébanez Calderón, Demetrio. *Diccionario de términos literarios*. Alianza Editorial, 2001.

Fowler, Victor. *La maldición. Una historia del placer como conquista*. Editorial Letras Cubanas, 1998.

Franco, Jean. *The Decline and Fall of the Lettered City. Latin America in the Cold War*. Harvard UP, 2002.

Gallardo Saborido, Emilio J. *El martillo y el espejo: directrices de la cultura cubana* (1959-76). Consejo superior de investigaciones científicas, 2009.

García, Victoria. «Diez Problemas para el testimonialista latinoamericano: los años '60 y '70 y los géneros de una literatura propia del continente». *Castilla. Estudios de Literatura*, 4(2013) pp. 368-405.

Genette, Gérard. *Umbrales*. Trad. Susana Lage. Siglo XXI, 2001.

González Echevarría, Roberto. «*Biografía de un cimarrón* and the Novel of the Cuban Revolution» *NOVEL A Forum on Fiction* 13:3(1980) pp. 249-263.

Haraway, Donna. *Simians, Cyborgs, and Women*. Free Association Books, 1990.

Kumaraswami, "'Pensamos que somos historia porque sabemos que somos historia': Contest, Self, and Self-construction in Women's Testimonial Writing from Revolutionary Cuba" *Bulletin of Hispanic Studies* 83:6(2006) pp. 523-39.

Kapcia, Antoni. «Revolution, the Intellectual and a Cuban Identity: The Long Tradition». *Bulletin of Latin American Research* 1.2(1982): 63-78.

López González, Aralia. *La espiral parece un círculo: la narrativa de Rosario Castellanos análisis de Oficio de tinieblas y Álbum de familia*. Universidad Autónoma Metropolitana, Unidad Iztapalapa, División de Ciencias Sociales y Humanidades, 1991.

López Valdizón, José María. «*Maestra voluntaria* de Daura Olema» *Casa de las Américas* 2:13-4(1962) pp. 55-6.

Luis, W. *Lunes de Revolución: Literatura y cultura en los primeros años de la Revolución*. Verbum, 2003.

Masiello, F. «Diálogo sobre la lengua y la colonia, la nación y el género sexual en el siglo XIX» *Casa de las Américas* 192(1993) pp. 26-36.

Mendez y Soto, Ernesto. *Panorama de la novela cubana de la revolución. (1959-70)*. Ediciones Universal, 1977.

Menton, Seymour. *Prose Fiction of the Cuban Revolution*. University of Texas Press, 1975.

Morejón Arnaiz, Idalia. «Testimonio de una Casa». *Encuentro de la cultura cubana* 40(2006) pp. 93-104.

Ochando Aymerich, Carmen. *La memoria en el espejo. Aproximación a la escritura testimonial*. Anthropos, 1998.

Padura, Leonardo. *El submarino amarillo. Cuento cubano (1960-1991) breve antología*. Universidad Nacional Autónoma de México, 1993.

Quiroga, José. *Cuban Palimpsests*. University of Minnesota Press, 2005.

Rodríguez, Ileana. *Women, Guerillas and love. Understanding War in Central America*. University of Minnesota Press, 1996.

Redonet, Salvador. *Vivir del cuento*. Havana: Ediciones UNIÓN, 1994.

Riess, B. «Es mucho hombre esa mujer: género y cuerpo en la prosa femenina de la Revolución Cubana». *MARLAS, Middle Atlantic Review of Latin American Studies* 2:2 (2018) pp. 42-51.

Serra, A. «The Literacy Campaign in the Cuban Revolution and the Transformation of Identity in the Liminal Space of the Sierra» *Journal of Latin American Cultural Studies* 10:1 (2001) pp. 131-141.

_____. *The «New Man» in Cuba. Culture and Identity in the Revolution*. University Press of Florida, 2007.

Sklodowska. «La obsolescencia no-programada: una circunnavegación alrededor del testimonio latinoamericano y sus avatares críticos». *Kamchatka* 2(2015) pp. 897-911.

Smokkaloff, Pamela. *Readers and Writers in Cuba. A Social History of Print Culture, 1830s-1990s*. Garland, 1997.

Suquet Martínez, Mirta. «La hamaca o el tajo: variantes para una narrativa de la identidad nacional» *Convergencia* 32(2003) pp. 23-55.

Fuentes histórico-sociales

Alvarez, Carlos Manuel. «El libro vacío» *El País* 26 feb 2020.

Amorim, Maria Luisa de Aguiar; Cruz, Fleipe de J. Perez; Contreras, Rolando Pinto; Holst, John D.; Vetter, Maria Alicia; and Bahruth, Robert E. «40 Years from Education as the Practice of Freedom: New Perspectives on Paulo Freire from Latin America» *Adult Education Research Conference*. https://newprairiepress.org/aerc/2007/symposia/4

Arias Medina, Margarita, y Ares Valdés, Guillermina. *Minas del Frío. Fragua de un nuevo tipo de maestro*. Editora Política, 1997.

Benson, Devon Spence. *Antiracism in Cuba. The Unfinished Revolution*. University of North Carolina Press, 2016.

Blum, Denise. *Cuban Youth and Revolutionary Values : Educating the New Socialist Citizen*. University of Texas Press, 2011.

Bobes, V. *La nación inconclusa. (Re) constituciones de la ciudadanía y la identidad nacional en Cuba*. FLACSO, 2007.

Cámara, Madeline. «Una promesa incumplida: la emancipación de la mujer cubana a finales del siglo XX» *Encuentro de la cultura cubana* 6-7 (1997): pp. 212-216.

Chomsky, Aviva, et. al. *The Cuba Reader. History, Culture, Politics*. Duke University Press, 2003.

Chase, Michelle. *Revolution within the Revolution: Women and Gender Politics in Cuba, 1952-1962*. University of North Carolina Press, 2015.

Cleland, Danielle Pilar. *The Power of Race in Cuba. Racial ideology and Black Consciousness During the Revolution*. Oxford University Press, 2017.

Diccionario del Español de Cuba. Español de Cuba-Español de España. Coord. Gisela Cárdenas Molina, et al. Gredos, 2000.

EcuRed. Enciclopedia colaborativa en la red cubana. https://www.ecured.cu/EcuRed

Fagen, Richard. *The Transformation of Political Culture in Cuba*. Stanford University Press, 1969.

Gessen, Masha. «What Bernie Sanders Should have Said about Socialism and Totalitarianism in Cuba». *The New Yorker*. 25 feb 2020.

Guanche, Julio César «El camino de las definiciones. Los intelectuales y la política en Cuba 1959-1961». *Temas* 45 (2006), pp. 106-113.

Guerra, Lillian. *Visions of Power in Cuba. Revolution, Redemption, and Resistance, 1959-1971*. University of North Carolina Press, 2012.

Herman, Rebecca «An Army of Educators: Gender, Revolucion and the Cuban Literacy Campaign of 1961». *Gender and History* 24:1(2012) pp. 93-111.

Keeble, Alexandra. *Con el espíritu de los maestros ambulantes: La Campaña de la Alfabetización cubana, 1961*. Ocean Press, 2001.

Kozol, *Children of the Revolution. A Yankee Teacher in the Cuban Schools*. Delacourte Press, 1978.

Mesa-Lago, Carmelo, ed. *Revolutionary Change in Cuba*. University of Pittsburgh Press, 1971.

Ministerio de Educación de Cuba «Maestros voluntarios conmemoran su 60 aniversario». https://www.mined.gob.cu/maestros-voluntarios-conmemoran-su-60-aniversario/

Molyneux, Maxine «Mobilization without Emancipation? Women's Interests, State, and Revolution». Fagen, R. et al eds.

Transition and Development: Problems of Third World Socialism. Monthly Review Press, 1986. pp. 280-302.

Mujeres latinoamericanas en cifras. Tomo comparativo. Teresa Valdés et. al., eds., FLASCO, Chile, 1995.

Pérez Cruz, Felipe de J. *La alfabetización en Cuba. Lectura histórica para pensar el presente*. Habana: Editorial Ciencias Sociales, 2001.

Pérez García, Canfux Gutierrez, Jaime et. al. *Una proposición cubana de alfabetización desde posiciones de género y ruralidad*. La Habana: Editorial Pueblo y Educación, 2006.

Pérez, Louis A. *The Structure of Cuban History*. Chapel Hill: UNC Press, 2013.

_____. *Cuba. Between Reform & Revolution*. New York: Oxford University Press, 1995.

Quintero Herencia, Juan Carlos. *Fulguración del espacio. Letras e imaginario institucional de la Revolución Cubana (1960-70)*. Beatriz Viterbo Editora, 2002.

Real Academia Española. *Diccionario de la lengua española*, 23.ª ed., [versión 23.4 en línea]. <https://dle.rae.es>

Roca, Blas. *Fundamentos del socialismo*. Ediciones Populares 1961. http://www.abertzalekomunista.net/es/biblioteca/marxistas-internacionales/roca-blas

Rojas, Rafael. *Historia mínima de la revolución cubana*. México: Turner Publicaciones, S.L., 2015.

Santiesteban, Argelio *El habla popular cubana de hoy*. La Habana, Editorial Ciencias Sociales, 1982.

Saldaña Portillo, María Josefa. *The Revolutionary Imagination in the Americas in the Age of Development*. Duke University Press, 2003.

Valdés Paz, Juan. *La evolución del poder en la Revolución Cubana*. Tomo I. Rosa Luxemburg Stiftung Gesellshaftsanalyse und Politische, 2017.

Waters, Mary Alice, ed. *Women in Cuba. The Making of a Revolution within the Revolution. Vilma Espín, Asela de los Santos, Yolanda Ferrer*. New York: Pathfinder Press, 2012.

Temas de estudio, investigación y debate

1. Comentar las diferencias entre la perspectiva de Vilma y la de sus compañeros, en particular Miriam, sobre la Revolución Cubana. ¿A base de qué sostiene Vilma sus dudas sobre la Revolución? Su compañera Nereyda dice: «La Revolución abre las puertas a todo el que la necesita» (9). ¿Se demuestra en este texto?
2. Vilma observa que es «la misma Cuba de siempre... pero de verdad nuestra por primera vez en la historia» (9). Investigar la historia cubana y la Guerra Hispano-estadounidense. Como se sugiere en la nota 18 de la novela, ¿En qué sentido es «una independencia frustrada»?
3. Analizar el retrato de los personajes en la novela según su identidad racial, de género sexual o de clase socioeconómica. ¿Cuáles son las características que exhiben cada personaje según el punto de vista de la voz narrativa? Explorar los estudios sociológicos contemporáneos sobre la Revolución. ¿Representa la caracterización de los personajes las tensiones sociales del momento? ¿Cómo? ¿Siguen existiendo estas tensiones?
4. Analizar los discursos de Fidel Castro en la novela. ¿Cómo se describe su tono?, ¿su contenido? ¿Por qué son importantes en la novela?
5. Analizar la función de la naturaleza en la obra e investigar las características del paisaje natural de la Sierra Maestra. ¿Qué representa en *Maestra voluntaria*? ¿Cambia a medida que cambia la perspectiva del personaje central?

6   Analizar la representación de la Campaña de Alfabetización. Hay múltiples estudios y testimonios sobre el acontecimiento. Buscar otros testimonios, por ejemplo «Impresiones de un alfabetizador» de José Rodríguez Feo y «Apuntes de una alfabetizadora» de Matilde Manzano, o ver el documental Maestra (dir. Catherine Murphy, 2011) para analizar cómo las convenciones literarias de la ficción distinguen el mensaje de *Maestra voluntaria* de esos otros textos.

7   Comentar el tema de la recepción de la novela. ¿Por qué algunos críticos piensan que es «un testimonio», «un reportaje» o «propaganda»? Comentar los elementos textuales que evidencian o suprimen la identificación del texto con un género específico.

Maestra Voluntaria

A Daura Elena
compañerita

Daura Olema García

Primera parte

Todo empieza aquí... un tren de tercera clase. Viajamos tres y hasta cuatro muchachas en un mismo asiento... Observo la gente que me rodea. Todas las muchachas llevan pantalón verde olivo y camisas grises. Hay rostros risueños, interrogativos, de sorpresa, llorosos... Toda una gama de expresiones.

El tren lleva rumbo a Yara, Oriente. Objetivo de esta gente, Curso de Maestros Voluntarios en Minas del Frío.[1]

Observo esta selva humana a mi alrededor... no me sorprende, la observo... busco en ella. Busco la verdad de mi país, que es mi propia verdad.

Desconfío, vacilo... no llego a definirme y esto me sume en una ansiedad inútil.

Entre la gente de mi amistad, toda ella perteneciente a la pequeña burguesía, se habla de que nuestro actual gobierno nos conducirá al comunismo. Desde pequeña me mostraron esta palabra como un «cáncer de la humanidad» y al oírla ahora, si bien no siento miedo de ella, me preocupa grandemente. Me preocupa hasta angustiarme, hasta anularme toda capacidad de trabajar y vivir normalmente.

¿Pero es realmente la Revolución Cubana una Revolución Socialista? Y... si es Socialista nuestra revolución... ¿qué es el Socialismo?...[2]

¡Maldito tren! Cómo duele en la espalda cada golpe de estas ruedas en la línea del ferrocarril. ¡Y qué sucio está todo!

---

1   Yara, pueblo en la provincia Granma al este de la isla (Oriente), se sitúa a la base de la Sierra Maestra. En el campamento Minas del Frío «Radicaba la Escuela de Reclutas del Ejército Rebelde y fue el lugar escogido para establecer el centro de capacitación de los maestros voluntarios, al que se le dio el nombre "Frank País", el inolvidable dirigente revolucionario y maestro santiaguero» (Arias Medina y Ares Valdés 21).

2   Seguimos la versión original con respecto al uso de la mayúscula irregular con este término, dado que indica el énfasis, por parte de la autora, en el objeto de estudio de la protagonista.

Alguna de esta gente viene aquí por ideales, otra por mejorar su nivel de vida. Yo no vengo para nada de eso. Vengo a observar, a saber qué quiere este gobierno, qué se planea, qué se persigue con todo este movimiento y este cambio de cosas. Podré observar neutralmente, estudiar cada palabra, cada manifestación dentro del campamento al que nos designen.

Investigaré, analizaré y luego... ya sabré qué hacer.

Se puede estar a favor de una corriente política o totalmente en contra de ella, lo que no se puede es permanecer indiferente a los hechos cuando es el futuro de la Patria lo que se decide.

Tengo que saber... Sabré. Será fácil para mí llegar al fondo de la cuestión una vez que estemos en plena faena dentro del campamento.

Aquel muchacho moreno de la camisa roja y mochila y boina del mismo color, es repugnante.[3] ¿Será Socialista?...

Reconozco que voy algo predispuesta a no creer, a no aceptar. La muchacha que viaja a mi derecha, va optimista mirando el paisaje y de tanto en tanto me habla de su pobreza, del sacrificio de la madre para pagarle un colegio, etc.

—Seré Maestra Voluntaria y así, con lo que gane, podré ayudar a mamá ya que se va sintiendo bastante enferma.

Es poca su necesidad, un mísero sueldo de noventa a cien pesos y ya. Le basta con eso. Bien, en la compañía donde trabajo gano mucho más y no estoy conforme. Trabajo con ahínco pensando en un futuro ascenso.

Respiro el aire que entra por la ventanilla mezclado con el humo de la locomotora. Cierro los ojos y pienso en mi trabajo, en los seis meses de permiso que me han sido concedidos. Seis meses de permiso y sin suprimirme el sueldo. Sí está bien eso. De algo me valió trabajar noche tras noche hasta la hora en que la gente regresa de las fiestas. Verdad que nunca me pagaron las horas extras, pero hoy puedo contar con este permiso y sin problemas.

¡Qué gente más vulgar!, cómo grita. ¡Qué indisciplina y qué estruendo!

Ahora cantan...

«Adelante cubanos, que Cuba premiará nuestro heroísmo».[4]

---

3 El color rojo es un símbolo internacional del comunismo.
4 Verso del *Himno del 26 de julio*, conocido también como el *Himno de la libertad*. Su nombre proviene del Movimiento Rebelde 26 de julio (M-26-7), organización política y militar formada en 1955 y dirigida por Fidel Castro. La fecha marca el asalto al cuartel

¡Cuba!... ¡Qué palabra diremos a tu historia los hijos de esta generación! Mi cabeza hierve por dentro. Recuerdo lo que he estudiado de nuestros anteriores gobernantes y también de lo que he vivido. Aquella última etapa sangrienta, monstruosa, de pesadilla y terror... ¡Batista![5]

Y luego... la fe del pueblo en Fidel Castro.[6] Mi propia fe en Fidel Castro. Siempre aseguré que nunca votaría por algún aspirante a la presidencia en mi país. Recuerdo cuando llegaban a casa aquellas personas haciendo propaganda a los politiqueros que aspiraban a un cargo. Se dedicaban a visitar a las familias, sobre todo a las más numerosas y pobres, tratando de comprarlas, ofreciéndoles todo cuanto no eran capaces de cumplir. Mamá y yo nos escondíamos en el interior de la casa cada vez que sabíamos próxima una de estas visitas y veíamos cómo, luego de cansarse de llamar a la puerta, metían unos papelitos con la foto del «candidato presidencial» por debajo y se marchaban para llamar a la casa siguiente. Al final, todos servían a sus propios intereses y no a los de la Nación. ¿Por qué ayudarlos con el voto?... ¡Al Diablo!

Con Fidel Castro fue distinto, dentro de mí hubo un voto para él, voto de confianza en mi interior, el mismo de todo un pueblo sediento de justicia, el que se ganó a sangre y fuego en la montaña. Ahora no sé si es verdad que esto es Socialismo, no sé...

El tren se detiene en un pueblecito. Compro dulces que brindo a mis compañeras de viaje. Hago preguntas. Toda esta gente está demasiado feliz para tener con ellos una conversación de tipo político. Además, el tren hace un ruido de mil demonios; para hacerse oír hay que gritar y detesto hablar a gritos. Si no fuese por la necesidad urgente que tengo de aclarar y poner todas estas cosas en orden dentro de mí, de definirme, saltaría ahora mismo de este bendito tren tan incómodo y ruidoso.

Un muchacho me brinda un dulce corriente... otro que está próximo a él le grita por sobre el ruido infernal del carro...

—Seguro que no lo acepta, tiene cara de «burguesita».

    Moncada en Santiago de Cuba en 1953. Al movimiento se unieron otros grupos en la lucha armada contra la dictadura de Fulgencio Batista (*EcuRed*).

5 Fulgencio Batista (1901-1973) militar y político. Presidente electo 1940-44, dio un golpe de estado en 1952 y se mantuvo en el poder hasta 1959.

6 Fidel Castro Ruiz (1926-2016) rebelde y revolucionario, líder del Movimiento 26 de Julio y mandatario de Cuba de 1959 a 2008.

Después, más bajo, pretendiendo que yo no lo oiga: —Es una niña bitonga.[7]

Sonrío y acepto el dulce, entablando conversación con el muchacho. Luego de algunos minutos de charla, me confiesa que mi apariencia le resultó altiva en un principio.

—¿Por qué te acercaste a mí entonces?
—Porque eres revolucionaria.
—¿Estás seguro?
—¿Acaso no vienes con nosotros?
—¿Y qué?
—Si vas a La Sierra[8] será para servir a nuestra Revolución, porque por necesidad no creo que vengas.
—Eres muy franco.
—Soy revolucionario.
—La observación suena pedante, pero no dejo de hablar con él.
—¿Crees que esta Revolución es Socialista?
—Claro.

Me siento impaciente sin saber por qué no logro dominar la pregunta:

—Y... ¿la aceptas?

El asombro del muchacho salta de golpe en su mirada abierta.

—¡Claro!
—¿La comprendes?

Sonríe satisfecho ante mi insistencia.

—Mi madre es militante del partido desde el año cincuenta y me habla claro.[9] Sé todo lo que viene.
—¡Ah!
—Tú... ¿Qué piensas de todo esto?

La pregunta me llena de confusión, no se me ocurre decirle nada. Todas las respuestas me parecen torpes. Al fin, logro desviar su atención.

---

7   *Niña bitonga*: Joven presumida (RAE). Hace eco a la acusación de «burguesita». (Cuba) Según *El habla popular cubana de hoy* (1982) el adjetivo describe a «los alumnos de las escuelas privadas que se alinearon del lado de la contrarrevolución y de la clerecía reaccionaria» (Santiestéban 59).

8   *Sierra Maestra*. Cordillera de la costa suroriental de Cuba en las provincias Granma y Santiago de Cuba. Asentamiento de los guerrilleros que llegaron de México en el yate Granma en 1956, la cordillera tiene gran valor simbólico revolucionario.

9   Referencia al Partido Socialista Popular (PSP), 1944-1961, nombre en la época del Partido Comunista de Cuba fundado en 1925.

—Yo... pues... Mira, el tren va a parar, ¿qué te parece si tomamos un refresco?

—Acepta y baja antes que yo, tomándome de una mano y abriéndome paso entre los demás compañeros. Ya en la barra del cafecito que encontramos al lado de la pequeña estación de ferrocarriles, me mira con los ojos risueños.

—Tenía sed, tanto hablar... figúrate.[10]

—¿Qué hacías antes de venir?

—Carpintería.

—¿Ganabas bastante?

—Sí, y estudiaba por las noches en la Escuela de Comercio.

—¿Por qué viniste entonces?

—Porque Cuba necesita maestros que estén «claros».[11]

—¿Claros?

Su mirada me hace arrepentirme del tono irónico que acabo de emplear. Su rostro, ahora serio, se vira hacia el lugar donde está el tren.

—Sí, fíjate, ¿ves toda esa gente que va en ese tren?

—Ajá.

—Pues yo amo a esa gente... son cubanos... hijos de obreros... tienen fe. Están dispuestos como yo, al sacrificio.

—¿Tú crees?

Me da lástima la ingenuidad del muchacho. Sigo escuchándolo a pesar de mí misma.

—Creo que esta gente es así en su mayoría. Los que no son capaces de entender este proceso, no «aguantarán»[12] mucho, no están hechos para el sacrificio ni aman la justicia... Pero ¿no quieres más refresco?

—No... gracias.

—Está bien.

Coloca la botella sobre el mostrador, paga y regresamos lentamente al carro. Al llegar, encuentro mi asiento ocupado por una muchacha de color. Le ruego me lo devuelva.

---

10 *Figúrate*: Imagínate.

11 *Claro*: (Cuba) Las comillas en el texto original enfatizan la acepción local de «ser partidario un cubano del sistema político y socioeconómico y vigente en Cuba desde la revolución del '59» (*DEC*, 146). «Estos modismos tuvieron su mayor auge a raíz del triunfo insurreccional, en ocasión de la batalla ideológica que en esos días tuvo su más intenso momento» (Santiestéban 94).

12 *Aguantar*: Tolerar. En este contexto, sobrevivir las condiciones ambientales arduas de la Sierra para terminar el curso.

—Ah, no vieja[13], el que fue a Sevilla perdió su silla.
Viene otra en mi defensa:
—Párate, ella estaba ahí.
—Bueno, ¿y qué? Yo hace horas que estoy sin poder sentarme.

Es vulgar, pero dice la verdad... He estado tanto tiempo sentada, que podemos compartir, ya que el viaje es largo. Camino por el pasillo hasta la puerta exterior. Hay una joven escandalosamente maquillada que mira insistente a los muchachos. ¿Será prostituta esta infeliz? ¿Será Socialista?... ¿Todos los Socialistas son realmente gente baja como dicen muchos? Finjo que caigo y me sujeto de su brazo.

—Perdón. Qué calor hay dentro, ¿verdad?
—Sí, pero mira que buenos «pollos».[14]

Quiero seguir hablando, o mejor, hacerla hablar, pero se acerca un muchacho y... ¡Zas!... Ojos en blanco, risas... ¡Bah!, ya me llevo la impresión de esta muchacha vacía y estúpida.

¿Es que con este elemento que edificará la Revolución el futuro de Cuba? Es esto lo que más me ha atormentado durante todo este tiempo. Pero no quiero hacer juicios prematuros. Creo que un mes en el campamento me bastará. Luego me reintegraré a mi trabajo y mi vida de siempre. En un mes más o menos podré captar cuanto necesito.

Me siento sobre la mochila en un rincón del tren. Parecemos plátanos dentro de una batidora eléctrica.

—¡Viva la Revolución!

Cómo fastidian estos gritos. Habrá que soportar esta fiebre heroica hasta el final del viaje. ¿Se creen tan importantes estas gentes? Lo que sucede es que no saben adonde los llevan en esta avalancha de propaganda comunista. Buen dinero se gasta el Gobierno Revolucionario para «adoctrinar» al pueblo ignorante y confiado. Nuestro dinero. Además, Cuba está cansada, necesita confiar y ellos han aprovechado el momento para infiltrarse. Realmente estoy tan confusa... Todo esto ha sido dicho por otros, en realidad no sé... Debo analizar sin influencias. Tengo hambre. ¿No nos darán almuerzo? Compraré algo en cualquier lugar. Todos miran por la ventanilla... Mi paisaje está aquí, adentro. Todo este material humano con el que la Revolución proyecta el futuro de nuestro país, me interesa. Mirar por la ventanilla

---

13 *Vieja*: Mujer (coloq).
14 *Pollo*: Hombre joven (coloq).

es perder el tiempo... Necesito el tiempo hasta el último segundo. ¡Qué desorden! ¿Quién será el responsable de nosotros en este cochino tren? ¡Qué golpe! Quién manejará esta porquería. Si creerá que vamos puercos aquí.

...Paramos. Muchos no traen dinero para comer algo. Reparto cuanto compro. El dinero no es mi problema, gano suficiente para mí y los míos... Los míos... Mamá sí que está definida. ¡Cuánto ama la Revolución! Pero mamá nunca sale de casa. Siempre atada a su silla de ruedas. Está adoctrinada por la propaganda televisada y radial. Además... los periódicos.

Mi casa... donde tengo cuanto necesito. Me parece oír las últimas palabras de mamá antes de yo salir:

—Iré a La Sierra, Mamá.

—Haces bien... así verás claro en ti y en todo. Pero siéntate... sosiégate... me volverás loca.

—Es que no puedo, no tengo tranquilidad, no la tendré hasta que sepa donde está lo justo, lo más conveniente.

—No puedes seguir así. Llevas muchos días sin dormir y sin comer apenas. Te lo ruego, dime si tienes algún problema más profundo.

—¿Más profundo?... Pero... ¿Te parece que tiene poca importancia esto? Cuando todos tienen un camino, yo no sé el mío. Quiero estar con la Revolución o en contra de ella, pero clara en mis ideas. De lo contrario, con esta inactividad política reventaré de impaciencia un día.

Cómo podía explicarle a mamá que la Revolución es una política más, si para ella, como para muchos, Fidel es un segundo Mesías y sólo ve la Revolución desde un punto de vista sensiblero. Sí, recuerdo su tono irónico al contestarme.

—Y... ¿cuándo te interesó la política?

—No me desesperes. Ahora me interesa. ¿No ves cómo esta gente lo está cambiando todo, hasta las leyes, y cómo el pueblo los sigue en un fanatismo estúpido?

—Ten cuidado como hablas. No te voy a permitir, aunque seas mi hija, que te pongas a halar basura. Y en eso de «definirte» aquí sólo se puede uno con la verdad y la verdad es la Revolución, lo demás es politiquería y... ¡basura! Lo de antes, lo de siempre. Tan inteligente que eres y te tupes.

—Sí... me tupo. Está bien mamá.

—Y fíjate bien, porque yo sí veo claro, si te decides por la contrarrevolución, aquí no vuelves. Y si te matan, no seré yo quien llore porque no tengo hijos traidores. ¿O no te das cuenta? Es todo el corazón de un pueblo que late por esta causa. ¡Nuestra causa! Prefiero verte muerta aquí mismo, antes que perdida con esa gente que sólo defiende sus intereses bastardos.

—Eres una fanática.

—Déjame sola... vete... me hace daño oírte. Es la americana de la compañía la que te puso así... pero entiéndelo, aquí no pones un pie desde la misma hora en que yo me entere de que estás con esos traidores.

—Mamá, será posible que tú...

—Mamá nada. Lo dicho, dicho está.

—Está bien, pero no tienes por qué culpar a nadie, Helen es mi amiga y sólo ha querido mi bien.

—Sí, se ve que ha querido tu bien, lo demostró bastante con las cosas que te ha metido en la cabeza.

—A mí nadie me ha metido nada en la cabeza...

—¡Qué pensativa compañerita![15] Seguro el novio... ¿no?

—¿Eh?... ah.

Me quiero levantar, pero me caigo nuevamente. No me siento las piernas. ¿Qué tiempo hará que estoy sentada sobre la mochila? Anochece. Estoy sudorosa hasta los huesos. Sucia de polvo del cabello a los zapatos. Me froto las piernas y viene una muchacha morena a ayudarme. Me sorprende.

—¿Reuma?

—No, es que estoy entumecida, gracias. ¿Por qué te molestas?

—No me molesto. ¿Acaso no le diste tu asiento a otra hace horas?

Me dice esto mientras me mira con cariñosa simpatía.

—Te ayudaré a levantarte. «Reguíndate» de mí.[16]

Vaya lenguaje el de esta gente. ¿De dónde habrá salido?

—Oye, pero qué manos las tuyas, si parecen seda. Se ve que nunca disparaste un chícharo.[17]

—Y... ¿tú?

—Soy huérfana de padre y madre y vivo desde chiquita con una tía que me muele a golpes y me hace trabajar como a un animal.

---

15 *Compañerita*: Camarada. El uso de «compañero» para dirigirse a una persona connota que el que la usa apoya la Revolución.
16 *Arreguindarse*: (Cuba) Aguantarse.
17 *No disparar un chícharo*: (Cuba) No trabajar nada (coloq).

Me dice esto con cierta naturalidad que me apena, como si largos años de mal trato la hubiesen vuelto un poco indiferente a su dolor. Quiero compensarla con alguna palabra, con alguna cosa y me turbo un poco.

—Bueno... si te haces maestra y te independizas, no tendrás que soportarla más.

—Claro. ¡Qué voy a aguantarla! La Revolución abre las puertas a todo el que la necesita. Por eso la defendemos con uñas y dientes. Bueno, hasta ahorita, si necesitas algo me llamas, mi nombre es Nereyda.

Se aleja rumbo al carro contiguo.

«Con uñas y dientes» repito y me siento ausente, ajena a todo esto. La frase carece de fuerza para mí. Es que ahora, por vez primera en todo el viaje, me atrae la atención el exterior. El sol fuerte de Cuba que se decide a luchar. Es una agonía larga la del atardecer en nuestros campos. El sol se desangra sobre las hojas, piedras, ríos... Su sangre, ya seca, se retuerce en los troncos de los árboles y en las raíces que sacan de la tierra sus dedos deformes.

Me tocan un hombro... —¡Es Cuba! — Dice una voz vieja a mis espaldas, voz quebrada por los años. Y sigue:

—La misma Cuba de siempre... pero de verdad nuestra por primera vez en la historia.[18]

Asimilo las palabras, pero no me vuelvo. No me importa... es un cubano el que me habla... un hombre de pueblo... eso sí cuenta para mí. Anoto mentalmente. Disfruto la última luz lejana de este día.

En el tren se encienden los focos. Recorro los carros... el vendedor dice que se acabó el jamón en la cantina y varios muchachos se reparten un dulce y un refresco. Sorbo a sorbo la botella toca todas las bocas. Me repugna la escena. Quito la mirada, pero ya es tarde... me alcanzan la botella espumosa y burbujeante. No puedo, no puedo poner allí la boca. Me produce una sensación de malestar irresistible. Sonrío y digo que no me apetece, que me siento mareada, ¡qué sé yo! No se percatan de mi estado de ánimo y responden mi sonrisa echándose a cantar alegremente.

---

18   La intervención norteamericana en la Guerra de Independencia de Cuba (1895-1898) y en la Constitución de la nación naciente mediante la Enmienda Platt estableció su dominio neocolonial económico y político. La revolución cubana se presentó como heredera simbólica de las luchas por la independencia, frustradas por la intervención de 1898.

—«Somos Socialistas pa'lante y pa'lante
y al que no le guste que tome purgante».[19]

Busco un rincón y no encuentro en todo el tren ahora un sólo lugar donde poder sentarme... Me duele el cuerpo hasta la médula de los huesos. Hay muchachos dormidos en el piso con las cabezas apoyadas en las mochilas verdes. Oigo decir al conductor que nos acercamos a Yara. El cansancio me hace sentir indiferente a todo lo que no sea la llegada y el descanso que imagino nos espera en Yara.

—Compañerita... Usted misma... ¿Recogió su mochila? Puedo ayudarla a bajar, me luce que se siente mal.

Es un muchacho vestido con uniforme del Ejército Revolucionario el que me ha brindado ayuda.

—No, me siento bien, sólo que muy estropeada. ¿Descansaremos en Yara?

—Es posible que no. Depende de la hora en que lleguen los camiones.

—¿Camiones?

—Pero no ponga esa cara. ¿Tiene miedo?

—¿Miedo?... ¡Hombre!... miedo.

—Perdone, no se mortifique, no sé si la molesté.

—Es que no somos piedras para que nos metan en camiones.

—Pues hay que ir como se pueda compañerita. La Revolución no cuenta con carros de lujo para trasladarnos. El dinero que invertimos es del pueblo y al pueblo hay que ahorrarle lo que es el fruto de su trabajo diario.

Habrá que soportarle el mitin.[20] Este hombre me fastidia. No veo la necesidad de trasladarme en un camión como un tronco de árbol si puedo pagarme una máquina de alquiler. Reniego en voz baja y el muchacho, creyendo que le hablo, pregunta:

—¿Qué dice?

—No... nada... Pienso en la llegada a Yara.

El tren da una fuerte sacudida y mi mochila pega con fuerza en la cara del joven rebelde.

—Perdone, le di golpe... Déjeme ver, fue su cara, lo sentí. Es que

---

19   *Pa'lante*: Contracción de las palabras «para» y «adelante». Letra de una de las «congas» que surgieron durante las movilizaciones masivas de los primeros días de la revolución (Rojas 89; Guerra 152).
20   *Mitin*: No sólo un anglicismo que quiere decir reunión, sino también el discurso pronunciado allí (lección o sermón) (RAE).

el tren ha parado tan bruscamente que no me ha dado tiempo a sujetarme.

—No se preocupe, compañerita, cuídese usted, yo me siento bien.

Quiero decirle algo más, pero todos se abalanzan a un tiempo a las puertas de salida. Soy arrastrada por un grupo. ¿Cuántos golpes he recibido al bajar? No sé, no es lo más importante.

Atrás queda el tren cuan largo es, oscuro y vacío, con sus sucios y horribles vagones...

Todo empezó en el tren... Ahora...

Segunda parte

Yara... Yara... ¡Yara![21]

Tengo que repetirlo para creerlo. Estoy caminando por las calles de un pueblo. Aún llevo el traqueteo del tren metido en el cerebro.

Nos amontonan como bultos en las aceras, a los lados de la carretera... Esperamos...

Nos llaman. Caminamos detrás del responsable del transporte. Me luce absurdo todo esto. Parecemos una manada de animales en la noche, con nuestro cansancio y nuestras mochilas a las espaldas...

Me gustaría llamar a mi casa ahora por larga distancia, saber de mamá, de los míos, sería un alivio quizás...

Seguimos caminando, pero sin saber adonde nos conducen.

Nunca dicen adonde vamos. Es lo que más me molesta de esta gente. ¿Sistema Socialista?... ¡Qué basura!

No sé qué siento más, si el cansancio o la mortificación.

La gente que me rodea grita el sueño en cada mirada, el agotamiento físico en cada gesto, pero sigue en pie. Desde que salimos no nos dan alimento alguno. Hemos comprado algo de comer durante el trayecto, pero sólo con nuestro dinero.

¿Es así como los comunistas tratan a su pueblo?... ¡Porquería!

Seguimos caminando detrás del responsable, entramos a un cuartel de Milicias,[22] nos dan unas horas de descanso.

¡Descanso!... Acostadas así, sobre la hierba y a la intemperie.

¡Descanso!... Por encima del sueño, la mortificación me mantiene despierta. ¿Cuál será el futuro de este pueblo?...

---

21 Véase nota 1.
22 *Cuartel de milicias*: Las Milicias Nacionales Revolucionarias se establecieron en octubre de 1959; la Campaña de Alfabetización se sirvió de la infraestructura militar en la organización, transporte y abastecimiento de los maestros.

Me siento en la hierba y miro a esta gente que duerme... El soldado que se me aproxima trae cara de niño bueno...
—¿Ha descansado, compañerita?
—Es usted optimista, «compañero».[23]
Es tonto o disimula muy bien mi tono irónico.
—Debemos despertarlas a todas. Ya es hora de irse.
—¿Cómo? Si sólo hemos permanecido aquí 45 minutos.
—Están al llegar los camiones.
—¿Camiones?... ¿Qué camiones?
—Los que van a llevarlas a ustedes hasta Las Vegas.[24]
—Ah, sí, recuerdo. ¿Queda lejos eso?
—Un poco. Con permiso, compañerita.
Se aleja unos pocos pasos, lleva las manos a ambos lados de la cara y grita.
—¡Campamento en pie!
Veo como todos se levantan rápidamente, recogiendo en pocos segundos las mochilas. Como una autómata, camino detrás de los demás... La carretera nuevamente... Esperamos...

10 minutos... 20, 30, 35... Oigo las voces a mi alrededor como algo lejano y de pronto siento deseos de huir. Sería fácil, con tomar un tren que me lleve de regreso a casa, ya se acabaría con todo esto... ¡Todo esto!... Pero necesito ver hasta el fondo. Seguiré hasta saber, hasta donde vea todo claro.

Llegan los camiones. El guía nos apremia. Todos corremos.

No cabemos, pero vendrán más camiones. Nos sentamos sobre las mochilas o en el suelo y volvemos a esperar... Se me acerca Miriam...[25] no deseo hablar... pero le sonrío con esfuerzo. Su voz suena debilitada por el cansancio y el sueño.

—Tengo frío.
—Es que hace frío.
La muchacha está en mangas de camisa. Me sigue hablando mientras se frota los brazos para entrar en calor.
—¿A qué lugar nos llevarán ahora?

---

23   Marca la primera vez que la protagonista de la novela adopta el vocablo, entre comillas para marcar el sarcasmo con que lo usa (véase nota 15).

24   *Las Vegas*: Vegas de Jibacoa, nombre de la zona del municipio Bartolomé Masa de la provincia Granma. La última parada en la ruta de los voluntarios hacia Minas de Frío (Arias Medina y Ares Valdés 47).

25   Con frecuencia, la autora integra personajes a la historia sin presentarlos al lector previamente. Miriam es la primera muchacha con la que habla en el tren (pág. 2).

—Es lo mismo, toma, ponte esta chaqueta.
—¿Y tú?
—Tengo dos. Me da las gracias y se coloca la chaqueta con precipitación.
—¿Qué te decidió a venir en este viaje?
—Necesito trabajo y la Revolución nos da oportunidad ahora.
—¿Tienes padres?
—Tengo a mamá que trabaja de modista. Ha pasado media vida haciendo vestidos. Lo que gana apenas nos alcanza para comer. Últimamente está muy enferma, casi no puede levantarse...

Hacemos un pequeño silencio tras el que vuelvo a preguntar, esta vez con sincero interés.

—¿Y tu padre?
—Murió hace años...
—Ah... y, ¿qué piensas de la Revolución?
—Creo en ella. Tengo mucha fe.
—¿Por qué?
—Porque nos ayuda a todos... Al obrero, al campesino, al pobre...
—Sí, ayuda al sub-pueblo.
—¿Cómo?
—No, nada... Mira, ahí llegan los otros camiones.
—Corre, Vilma, antes que todos quieran subir al mismo tiempo.

Cargamos las mochilas y echamos a correr hasta uno de los camiones. Subimos y nos colocamos como podemos. Para más seguridad, me siento en el piso. Las rodillas de una compañera me oprimen el hombro izquierdo y la espalda de otra me oprime el hombro derecho. Un muchacho ha tomado mi cabeza como punto de apoyo. Sobre mis piernas hay una mochila y sentada sobre ella, una muchacha que debe ser bastante gruesa a juzgar por su peso.

El camión se pone en marcha... Todas las que están de pie, caen sobre las que estamos sentadas. Gritos, risas, quejas, voces irritadas... Alguno de los compañeros dice un chiste que nadie aprueba, otro comienza a cantar el himno del 26 y todos los segundan.[26]

No canto... sonrío... El aire me despeina y me agrada. Los muchachos palmotean, cantan, ríen de las compañeras que caen a cada movimiento del camión que va subiendo una enorme loma. Parece que a cada curva del camión nos salimos. Nos sujetamos unos de

---

26 Véase nota 4.

otros, no sin cierto temor. Hay manos que se aferran a mis piernas, a mis brazos, a mi pelo y las mías están sujetas con fuerza, pero no sé de qué. ¿Qué me traerá todo esto a la conciencia?... Sé que todo se aclarará en pocos días y... decidiré entonces... Pero no sé... Aún en el caso de que la Revolución haya tomado un camino dañino para nuestro país... ¿en qué confiar?... Creo que no me sumaría al movimiento de la reacción... no podría. Esa gente... sus vicios... sus frivolidades... está demasiado preocupada por sus mezquinos intereses...

—Compañerita, por favor, mire que está sentada en mi pie...

El muchacho que me habla tiene unos quince años... ¿Sería posible que de este «niño» la Revolución haga un maestro?[27] Me disculpo y trato de levantarme, pero los dos nos damos cuenta de que es imposible... Me sonríe y le contesto la sonrisa... Miro hacia lo alto y veo los rostros de las compañeras que están de pie, a la luz del camión que viene detrás nuestro... Comunismo... comunismo... Se nos han dicho tantas cosas en contra de esta palabra que bien vale la pena saber de qué se trata. El camión ha frenado y se oyen voces de protesta de algunas muchachas...

—Cuidado, no empujes, «niña».

—¿Y qué quieres que haga si me empujan a mí?

Al fin llegamos a Las Vegas... Por lo que deja ver la luna, unas cuantas casas de madera entre palmas y lomas. Todos van bajando del camión. Yo bajaré luego, cuando se desocupe un poco este monstruo de carga. Poco a poco, por los costados y por la parte de atrás del camión van tirándose, primero las mochilas y detrás de las mochilas, los cuerpos. Me ayudan a bajar dos jóvenes rebeldes. Debo reconocer que son amables y que siempre se les ve deseosos de ayudar. Además, hablan y miran con respeto. Recuerdo los soldados de Batista... Asquerosos hasta en el mirar. Irrespetuosos hasta en el hablar.

—Compañerita, ¿se siente mal?...

El que se me ha acercado a hablarme es el «niño» sobre cuyo pie me senté cuando veníamos en el camión. Le veo el rostro a la luz de un mechero... Sus ojos verdes sorprenden en el rostro oscuro, casi negro. Se me hace simpático y su voz alegre invita a la conversación...

—No, es que estoy aturdida de tanto traqueteo del tren y del camión. ¿Por qué?

---

27 Según la Comisión Nacional de la Alfabetización, de los cien mil estudiantes que participaron en la Campaña de Alfabetización, el 40 porciento tenían entre diez y catorce años, el 47 entre quince y diecinueve (Kozol 6).

—La noto triste.

—Pues, me siento bien, gracias. ¿Cuál es tu nombre?

—Jorge, ¿y el tuyo?

—Vilma. Se nos acerca un muchacho de ademán decidido que trae un farol grande en la mano.

—Prepárense rápido, que saldremos dentro de unos minutos.

—Y ese... ¿Quién es?

—Mi tono es un poco despectivo y Jorge me mira con cierta sorpresa. Me contesta como con disgusto, pero no sin amabilidad.

—Es uno de los responsables o guías de nosotros.

—Bah, que se tranquilice y dé tiempo, al menos a colocarse las mochilas.

Jorge se aleja y busco a Miriam con la mirada... Viene a mi encuentro... también Ismael, uno de los muchachos que conocí en el tren. Siento que hablan y les contesto sin saber qué dicen... Recuerdo ahora los ojos de mi hija Vilma Esther,[28] en la estación, al despedirnos, y su manita apretada con fuerza a la mía... me entran deseos de regresar... Pero no, debo seguir, es necesario para las dos... ¿Qué le diría si me preguntase si la Revolución es buena? ... ¿Qué camino le señalaría desconociendo yo misma el rumbo?... Debo seguir... Empezamos a caminar... Jorge, Ismael, Miriam y yo, marchamos juntos. En ningún momento nuestro guía ha dicho a qué lugar nos lleva. Siento el peso de la mochila en los hombros, en la espalda... es como si alguien me halara hacia atrás... Creo que si me inclino hacia delante, el caminar será más fácil...

En la semioscuridad veo la pendiente enorme... Jorge se me acerca, sus ojos quieren darme ánimo... le sonrío...

—¿Cansada?

—Un poco.

—Dame un rato la mochila.

—No.

—¿Por qué?

—Porque la tuya es bastante pesada y no voy a permitir que cargues con la mía.

—Entonces... Es seguro que estás bien.

—Sí.

---

[28] Cuando subió a la Sierra con el Tercer Contingente de Maestros Voluntarios en 1961, Daura Olema tenía una hija de siete años a la que dedicó la novela (N de E).

La luna grande, redonda, amarilla, nos ayuda. Además, no hay fango. Jorge ha estado hablando por mucho tiempo, pero no sé lo que ha dicho. Todas mis fuerzas están puestas en resistir. El peso de la mochila... la sed... se multiplican. Vamos en pleno ascenso una... Jorge me da alientos, pero me parece como si estuviese a punto de caer. La sangre me golpea con fuerza las sienes... los brazos... las piernas... parece como si cada arteria fuese golpeada por un martillo... el sonido del corazón se mete en los oídos... la transpiración es intensa... incesante... Alguien grita que podemos descansar y nos dejamos caer en la tierra. El cuerpo late, las piernas tiemblan... Estamos tiradas a la orilla fangosa de un camino, panza arriba... nos disponemos a dormir como puercos...

Miriam, que está a poca distancia, se ve un poco menos cansada. Me pregunto de dónde saca fuerzas.

—¿Qué tiempo hace que estamos andando, Miriam?

—No sé, unas cuantas horas, pero...

—¿Qué?

—No... es que...

....
....
....

—¡Vilma!... ¡Vilma!

—... ¿Qué?

El rostro de Miriam me sonríe desde arriba. Casi no puedo creer que esta muchacha esté en pie a pesar del cansancio que se le asoma a los ojos.

—Levántate y recoge tu mochila, que seguimos la marcha. ¿Descansaste bastante? Quedaste dormida mientras hablábamos.

No contesto. Me pongo de pie torpemente y echamos a andar de nuevo. Oigo quejidos detrás de nosotros... amanece... no nos detenemos. Las piernas se me aflojan, se me doblan las rodillas... Me acerco a Miriam y me apoyo un momento en su hombro...

—Estoy al límite de mis fuerzas.

Nos detenemos. Miriam da unas palmaditas en mi espalda: trata de darme ánimos.

—No digas tonterías... Piensa en nuestra Revolución y verás cómo recobras energías.

Ya salió a relucir el fanatismo. Si no puedo más es que no puedo más y ya. Me siento en un tronco de árbol medio quemado que encuentro en el camino.

—Descansaré un rato... sigan ustedes...

Jorge se acerca y me mira como si no entendiera bien que estoy dispuesta a quedarme aquí sentada un buen rato.

—No te sientes ahora, Vilma... sería peor, se te enfriarían las piernas y sentirás más el cansancio.

Me toma de la mano. ¿Soy yo realmente la que camina ahora, o es mi sombra, que se mueve allá afuera? Un paso... otro... otro más... qué raro que no me desplome ahora... o ahora... aquí mismo. Qué raro poder caminar aún. Jorge tira de mi mano, mi mano va con él y hay algo que se arrastra detrás de mi mano, algo que cuelga de ella y de la mano de Jorge... eso es mi cuerpo... y sobre el cuerpo... la mochila que hunde los hombros y la espalda. En el cerebro la sangre me late como un tambor. Siento la ropa pegada a la piel... empapada.

—Jorge, ¿cuántas horas llevamos ya de camino?

—No sé, ven...

Tomándome con fuerza de la mano, me hace adelantar. Seguimos... no puedo hablar más... seguimos... Recuerdo que hace unas horas nos enfrentábamos a lo que parecía una montaña enorme... miro hacia atrás y me sorprendo de lo que ya hemos ascendido. ¿Cómo pudimos? Los rostros de los que alcanzo a ver están terriblemente desfigurados por el cansancio. ¿Estaré yo tan fea como esta gente? Me palpo el rostro... es puro sudor... Jorge se detiene y suelta mi mano...

Hemos llegado a una pequeña tienducha de campesinos... El sol arde en nuestra piel y calienta el sudor. Todo el paisaje me luce hostil, la tierra roja, las piedras lisas que hacen resbalar los pies a cada paso, las pendientes casi verticales. Me pregunto cómo pueden los campesinos adaptarse a esta vida de las montañas, cómo pueden existir y andar por estos caminos secos y pedregosos, entre estas montañas que de sólo mirarlas ya siente uno que no podrá llegar a ellas.

Ahora mismo, todos aquí pensamos que no podremos subir lo que nos falta. Lo hemos hablado. Hay compañeras inclusive, que me mortifican con su llanto histérico, nacido de una voluntad floja.

Jorge no se separa de mí... no miro hacia arriba, sólo observo lo que hemos dejado atrás. Una pendiente interminable, llena de piedras y polvo... Parece imposible haber llegado hasta aquí... Somos como bestias tiradas a lo largo del camino, entre las piedras... no se sabe quién está más sucio o desfigurado... En este momento odio a los campesinos que veo bajar y subir por los caminos con una sonrisa fresca en los labios y una pregunta que me sabe a insulto:

—¿Va cansada, «maestra»?

Nos llaman «maestras» desde que nos ven con el uniforme que vestimos. Parecemos bultos maltratados y nos llaman «maestras».

Observo a una compañera muy gruesa que está a punto de caer desfallecida... Hace horas que la vengo observando... Debe tener un ideal muy firme... Trae la rama de un árbol a modo de bastón... Se detiene... La piel parece opacársele de golpe, como si la hubiesen tirado un puñado de cenizas a la cara... se balancea... va a caer... No sé cómo estoy dándole apoyo de pronto, no sé cómo me puse en pie tan rápido. Sus brazos negros y fríos, llenos de un sudor pegajoso, se enlazan a los míos... La mujer no llora y esto despierta mi admiración... La ayudo a sentarse. No puede hablar. Apenas le permite hablar la fatiga... Camino hasta la tiendecita y a través del cansancio oigo mi voz desde lejos...

—Un jugo, por favor... de tomate...

Vuelvo a la mujer... tirada así, parece un pesado bulto y su vientre se levanta como un globo sobre el cuerpo gordo y negro. Sus ojos enrojecidos se pegan con angustia a los míos... Sus labios secos y agrietados se mueven con lentitud para hablarme entrecortadamente, casi en un susurro...

—No puedo más, no puedo... me quedo aquí mismo.

—Vamos, bebe esto, te hará bien. Tú seguirás con nosotros. Tu voluntad hará que sigas. ¿Cómo vas a fallar ahora?

Se incorpora con dificultad y bebe el jugo lentamente. Después se derrumba nuevamente sobre la tierra y cierra los ojos...

—Ahhh... gracias.

—Descansa un rato... no hables... ¡Qué voluntad la tuya!, te admiro.

Me mira, siento su agradecimiento... Nos abrazamos a un solo impulso... Nuestros rostros empapados se pegan uno al otro... Lágrimas y sudor se juntan...

Nuevamente miro a mi alrededor. Algunos beben «pru

oriental».[29] Me brindan en un jarro repleto, pero me desagrada el sabor a raíces que tiene y devuelvo el jarro casi lleno todavía, dando las gracias. Hemos llegado a un punto en que nos ayudamos unos a otros instintivamente... ¿Qué nos une?...

—Compañeras... Seguimos la marcha inmediatamente.

La voz del guía ha sonado en mis oídos y una vez más la escucho con fastidio.

Apenas podemos con nuestras mochilas. Me acerco a Jorge como a una tabla de salvación.

—Jorge, ayúdame.

El muchacho me ayuda a colocar la mochila y continuamos juntos la marcha. Nada más hablamos, nadie habla... sólo el guía, alguna que otra vez, hace una advertencia porque el camino se hace cada vez más peligroso y el cansancio se multiplica. Únicamente tengo conciencia del cansancio y de esta transpiración que mantiene el cuerpo empapado, del esfuerzo sobrehumano por no caer. El mayor suplicio, después del sol, son las piedras que resbalan, haciendo caer otras piedras continuamente y haciéndonos caer a nosotros... Caer y levantarse inmediatamente, porque de lo contrario, el cuerpo se niega a seguir. Al caer, la mochila se tuerce hacia un lado y tira de una como si estuviese llena de piedras. Algunos beben agua de las cantimploras... el guía nos aconseja que no lo hagamos... aclara que es peor, no entiendo la razón... Lo oigo hablar y apenas lo entiendo... Veo todo borroso por momentos... los árboles secos y estirados dan vueltas a mi alrededor... hago un esfuerzo más... y otro... los pies me laten... Desde que salimos de la tienducha han pasado horas. Horas de arrastrarse bajo el sol...

El guía se vuelve.

—Estamos llegando. Descansaremos dos horas en el Campamento Central, allí nos darán almuerzo.

¡Almuerzo!... Pero si no tengo fuerzas para sentir el hambre... No deseo comer nada. Es líquido, cualquier líquido lo que necesito... agua... aunque sea de un charco sucio, pero agua para esta sed que se mezcla con tierra en la garganta. Hemos tenido un siglo más de camino desde que el idiota del guía nos dijo que estábamos llegando. La muerte debe ser la suma de todos los cansancios. Parecemos

---

29 *Pru oriental*: Bebida fermentada, refresco tradicional natural del Oriente también conocida como champaña o cerveza de raíz (N de E).

muertos que andan. Estamos entrando en un lugar donde hay compañeros que ríen y hablan con ánimos. Lucen frescos, dispuestos, ágiles... Las compañeras que van delante de mí, llegan y se tiran al suelo... tienen los rostros encendidos, como si la sangre les fuera a salir por los poros. Debo estar igual, porque siento el cuerpo como si estuviera metida en un horno... las piernas tiemblan... Llego, tiro la mochila y me echo después sobre ella... No sé más.

....

....

....

Pasó no sé cuánto tiempo y ahora Miriam me llama.
—¿No vas a almorzar?...
—No.
Jorge me entrega un jarro de agua y bebo con desesperación.
—Oye, aguanta, no te la tomes toda que aquí cuesta mucho esfuerzo traer el agua y tenemos que ahorrarla.

Quiero protestar, pero no tengo fuerzas para ello. Le devuelvo el jarro casi vacío y lo miro con reproche. Cierro los ojos nuevamente. He olvidado los minutos y las horas. Ahora es... más cansancio o menos cansancio... más esfuerzo o menos esfuerzo... Oigo hablar a las que tienen fuerzas para hablar. El guía manifiesta su temor de que llueva y nos sorprenda la lluvia en el camino. Debemos seguir... seguir...

El descanso me ha hecho bien, me siento mejor, menos bestia. Hay algo de persona en mí... apetezco bañarme y ya eso es un buen síntoma. Nos ponemos de pie y nos agrupamos a capricho, pero alguien viene y nos coloca en filas, nos divide en grupos...

—Compañeritas, cada grupo irá ahora a un campamento distinto, porque todas no caben en un solo campamento y tendrán que ser repartidas. El primer grupo irá para «El Roble», el segundo, para «Alfredo Gómez» y el tercero para «José Tey».[30] Algunos compañeros quedarán aquí, en «El Central».

Observo a una mulata joven, casi niña, que se impacienta en una

---

30 Nombres históricos de los campamentos. Alfredo Gómez Gendra (1941-1960), joven del primer contingente ahogado en Río Los Cocos en junio 1960; José Tey (1932-1956), combatiente del M-26-7 asesinado en Santiago de Cuba (EcuRed).

de las filas que componen el grupo de la derecha. Tiene los ojos asustados y le tiemblan los labios. Estoy atenta, no sé por qué, a esta muchacha que habla ahora con la voz temblorosa.

—Compañero, ¿podría cambiarme con alguna compañera de las que van a «José Tey»? En ese grupo va mi hermana y no queremos separarnos.

—Lo siento, compañerita, ya ustedes están integradas a sus respectivos campamentos y ahora me es imposible cambiarlas. Piense cuántas habrá aquí en su mismo caso. Si se lo permitimos a usted, habrá que hacerlo con todas y nunca terminaríamos de hacer la distribución.

La muchacha rompe a llorar ocultando la cara entre las manos sucias. La hermana, delante de mí en la fila, rompe a llorar también. Me violenta este hombre barbudo, de ojos pequeños, que toma decisiones como si fuera un súper-dotado. ¿Qué le costaría aceptar?... Si pudiese, lo sacudiría como se merece. ¡Torpe!, ni se preocupa por resolver una cosa tan sencilla. Ya que son hermanas, ¿qué inconveniente hay en que estén juntas en un mismo campamento? ¡Qué injusticia!... Qué absurdo este individuo... Sin darme cuenta, he dicho esto en voz alta y una muchachita trigueña que ocupa dos o tres puestos por delante de mí en la fila, me mira y con disgusto comenta...

—Sí, yo también lo creo. ¿Qué *tipo*, cómo *se atraca*![31]

Tratamos de consolar a la muchacha del grupo nuestro y las del otro grupo hacen lo mismo. Nos manifestamos inconformes, violentas contra este hombre al que juzgamos estúpidamente estricto. Miro a Jorge y a Ismael, que deben quedar en el grupo perteneciente a «El Central». También la compañera negra y gorda ha sido designada a otro campamento... ¡Qué porquería!

Miriam cae en mi grupo. Nosotros iremos para «José Tey», según ha dicho el barbudo antipático.

Emprendemos el camino. Nos piden que apresuremos el paso hasta donde nos sea posible, para evitar que nos alcance la lluvia o que nos sorprenda la noche en el camino. Bajamos y subimos lomas. Hay paisajes hermosos, pero no podemos detenernos. Una vegetación espléndida nos rodea. Respiramos hondo de vez en cuando y continuamos. Es hermoso ver cómo el ser humano se une frente a las ne-

---

31 *Atracarse*: (Cuba) «comportarse con pedantería o con arrogancia» (coloq, «comer mierda») (*DEC*).

cesidades comunes. Aquí lo puedo comprobar... ¡Bah!, en el fondo no soy más que una sentimental.

—¿Qué dices, Vilma?

—Pensaba en voz alta.

Hace rato que se siente el ruido de un río, pero el agua no aparece. Qué sed tan terrible. No debe estar lejos... Una de las muchachas que va delante se detiene y se recuesta a un árbol...

—No puedo más, las correas de la mochila me han hecho llagas en los hombros y estoy sangrando.

Se le acerca un muchacho de color y le ayuda a quitar la mochila.

—Deme su mochila, yo se la llevaré.

—Pero si usted ya lleva dos.

—Pues, una más y son tres. ¿No es así?

Este muchacho ha hecho el camino con dos mochilas por ayudar a una compañera y ahora pide una más y sonríe. Me sorprende su resistencia física. Siempre he oído decir que la raza negra es fuerte. Si es así, aquí tenemos un ejemplo.

Tengo los labios agrietados por el calor y la sed. Oigo gritar a los que van delante... -¡el río!-... Camino unos metros más como puedo y veo el torrente. Es el agua más clara y apetecible del mundo.

Suelto la mochila. Desprendo el jarrito que cuelga de las trabillas de la camisa y bebo. Bebo desesperadamente, sin medida, hasta calmar la sed completamente. Todos hacen lo mismo. El agua de los jarros se derrama sobre nuestras ropas.

Hemos descansado aquí unos quince minutos. Continuamos el camino. Preguntamos al guía qué tiempo falta para llegar a José Tey y nos contesta que media hora. Eso dice cada vez que le preguntamos... y siempre es media hora.

En los lugares más apartados y absurdos, lejos de los manantiales inclusive, se ven casas de campesinos. Me pregunto qué hará esa gente cuando se enferma...

De repente, se oyen las voces de los compañeros que van a la vanguardia.

—Apártate.

—¡Apártense, vienen mulos...!

—Vienen mulos, grítenlo a los de atrás.

—Cuidado atrás... ¡Vienen mulos!

También grito yo para los que vienen detrás estén alerta.

Estamos en un camino estrecho, que bordea peligrosamente una pendiente enorme. Veo venir el arria[32] de mulos. Pasarán por aquí y nosotros debemos acercarnos más y más al precipicio para darle paso al arria completa. Los bultos que cargan estos animales van repletos y al pasar junto a nosotros, nos golpean el cuerpo. Hombres que van y animales que vienen por el mismo camino estrecho y lleno de vericuetos. Si uno sólo de estos mulos saliera asustado de su lugar, se precipitaría montaña abajo y arrastraría consigo a varios compañeros. Todos estamos conscientes del peligro. Hacemos silencio y nos mantenemos quitos, inmóviles, al borde del precipicio. Algunas compañeras se dan las manos con fuerza. El látigo del campesino que conduce el arria resuena en el silencio del paisaje con un sonido muy parecido a la detonación de un arma de fuego. La voz del campesino que nos saluda tímido, se pierde en el ruido de los cencerros. Los mulos se alejan. Todos volvemos al camino que sube ahora. Unos hablan. Hay una compañera que llora. Me acerco y le pregunto qué le pasa.

—Estoy cansada hasta la desesperación.

—Todos estamos cansados.

Me arrepiento de mi respuesta al mirar su rostro pálido y sudoroso. Apenas puede tenerse en pie. Le doy a beber agua de mi cantimplora. Se reanima un poco y seguimos andando.

—La altura me produce vértigo, creo que no aguantaré esto.

Oigo sus palabras y trato de infundirle valor.

—Si has llegado hasta aquí, por qué no vas a poder soportar más. Serénate, si lloras pierdes fuerzas y será peor.

Se detiene de nuevo y me mira con irritación...

—¡Peor! Si tomo agua es peor, si lloro es peor, si hablo es peor... No sé por qué Fidel nos obliga a todo esto. Nada de esto hace falta, nada, nada...

—Estás muy nerviosa, cálmate.

—¡Cálmate! Me tiraría aquí mismo y me dejaría morir entre las piedras. Todo menos seguir. No puedo más.

Se tira en la tierra. Trato de ayudarla a levantarse y se niega. El guía se la acerca cuando la siente llorar histéricamente.

—¿Qué le sucede, compañerita?

La muchacha continúa llorando.

---

32   *Arria*: Fila de animales de carga que van uncidos uno al otro.

—Dígame al menos qué tiene.

Levanta la cabeza, mostrando una cara en donde las lágrimas, el sudor y la tierra hacen surcos oscuros. Apenas puede hablar.

—Que no sigo... Sigan ustedes.

—Vamos... ¿será posible?... Si ya casi llegamos. Vamos a ver, levántese. Yo llevaré su mochila. Vamos... Recuerde que para ser Maestra Voluntaria se necesita una gran fuerza de resistencia. Hay que adaptarse al medio, aquí en la Sierra Maestra la vida es dura.

La muchacha se levanta, se limpia la cara con la manga de la camisa y, haciendo pucheros, continúa la marcha de la mano del guía.

Veo la conducta de este muchacho joven y no puedo menos que sentirme conmovida. Tanta ternura, firmeza y respeto a la vez en unos cuantos gestos y unas pocas palabras.

Ahora sí que estoy al límite de mis fuerzas. Las piernas no me responden ya como quisiera. La voluntad no me falta, pero el cuerpo se niega. Me siento sobre una piedra y dejo caer la mochila... Desfallezco. Inmediatamente el guía se me acerca.

—Compañerita, no se siente, falta un tramo muy corto y si se le enfría el cuerpo le costará más esfuerzo la marcha.

Quiero obedecer, pero no puedo cargar la mochila. Vuelvo a sentarme. A nuestro encuentro corre un muchacho rubio de cara muy roja. No recuerdo haberlo visto antes. Al verme, viene directamente hacia donde estoy y carga mi mochila.

—¿Ustedes son los nuevos?

—Sí.

—Pues bienvenidos a «La Magdalena». Sólo les faltan unos cinco minutos de marcha. Pero apúrense, que está anocheciendo y ahorita repartirán la comida en el campamento.

El muchacho sigue hablando animosamente pero no lo escucho. Sólo pienso en llegar...

—Pero, ¿es verdad que estamos cerca?

—Claro, venga conmigo ¡Vamos!

Se coloca mi mochila, me toma de la mano y echamos a andar. Varios compañeros más han llegado a socorrer a las muchachas que vienen más agotadas. Me dejo arrastrar sintiendo que me nacen fuerzas ante la perspectiva del descanso que «supongo», hemos ganado.

A lo lejos se oyen voces. ¡El campamento! Al fin nos acercamos realmente.

—¿De dónde eres, compañerita?
—De Camagüey.[33]
—Ah.
—¿Este no es el campamento «José Tey»?
—Sí.
—¿No dijiste hace un momento otro nombre?
—Es que nosotros le llamamos «La Magdalena» porque aquí llueve mucho.[34] ¿Por qué?
—Porque temí que el guía hubiese equivocado el camino.

Oigo la risa fresca del muchacho y se hace más palpable mi cansancio.

—Bien, llegamos. Podrán descansar desde ahora mismo. A los recién llegados se les da siempre dos días para que descansen.
—¿Hay que subir esa loma?
—¡Claro! Ven te ayudo. Aquí todo está en lomas, hasta las letrinas. Pero hemos hecho escalones en la tierra para facilitar el trabajo dentro del campamento.

Cada escalón me cuesta un esfuerzo bárbaro. Si no fuera por este muchacho no llegaría arriba, estoy segura. Todas las compañeras que están instaladas ya en «La Magdalena» nos sonríen con amabilidad. Observo que no lucen cansadas, hay rostros que denotan verdadera alegría y hasta satisfacción... Llegamos arriba. Nos presentan a los responsables de campamento. Apenas me fijo en ellos. Ya habrá tiempo. Ahora únicamente deseo dormir. Echarme en un rincón cualquiera. Todo se me nubla. Oigo hablar como si las voces viniesen de muy lejos...

—¿Tiene fatiga?...

....
....
....

Estoy acostada en algo que se balancea. Oigo voces alrededor mío, pero no puedo abrir los ojos. Alguien levanta mi cabeza. Me dan algo a beber.

---

33 *Camagüey*: Ciudad del interior centro-este de la isla, capital de la provincia del mismo nombre. La tercera más grande del país, con una población de más de 300.000 habitantes, la ciudad queda a más de 200 kilómetros al noroeste de la Sierra Maestra. Pueblo natal de la autora.

34 Una referencia a María Magdalena, quien, en los textos bíblicos es acompañante y simpatizante de Jesucristo. Aparece llorando en las imágenes más representativas de su figura como testigo de la crucifixión y resurrección de Jesucristo (N de E).

—Déjenla dormir un rato... Está completamente agotada.
—Se ve débil.
—Esta muchacha no resistirá el medio.

Hablan de mí... Que me importa... Dormir... Al fin... Veremos luego si resisto o no. Dormir... resistir... qué más me da... mañana...

Tercera parte

—¡Compañerita!

Oigo la voz desde el fondo mismo de mi cansancio y abro los ojos. Me dan un jugo. Bebo sin deseos de hacerlo. No quiero nada que no sea dormir. Miro en torno mío. Me produce una sensación de encierro y miseria cuanto observo. Un farol de petróleo cuelga de un clavo. Estoy en un cuartucho hecho de tronco de árboles con colchas por paredes y techo de guano[35]. En el piso de tierra medio húmedo, veo latas, algunas de las cuales están vacías y otras repletas de un líquido amarillo. Pregunto qué es aquello.

—Es orina. Como en la Sierra no hay otra cosa, pues aquí en la enfermería usamos latas para que los enfermos no tengan que subir hasta la letrina que queda muy lejos.

La muchacha que contesta mis preguntas tiene un carácter alegre. Sus movimientos son más bien bruscos y sus ojitos, pequeños y vivos, parecen incapaces de permanecer mucho tiempo en un lugar. Mientras hablamos, va y viene de un lado a otro del cuartucho cuidando de las demás muchachas y muchachos que ocupan las seis hamacas restantes. La hamaca más próxima a la mía está ocupada por una muchachita de unos quince años muy delgada y paliducha, que me mira con carita tímida. Su voz es suave, casi infantil.

—¿Cómo te llamas?

—Vilma.

—¿De dónde eres?

—De Camagüey. ¿Hace mucho que estás aquí?

—Un mes.

—Y, ¿por qué estás en enfermería?

---

35 *Guano*: (Cuba) Hojas secas o pencas de las palmas (*DEC*).

—Porque tengo derrame sinovial en las dos rodillas.[36]
—¿Te ha visto un médico?
—Sí, me ha mandado unos días de reposo.
—¿Nada más?
—Nada más.
—Ah.

Me siento cada vez peor aquí. Pido que me permitan reunirme con las compañeras que han hecho el viaje conmigo. Insisten en que permanezca en «Enfermería»... Insisto en salir, aclarando que estoy mucho mejor. Al fin me entregan la mochila y salgo con el enfermero. Me conduce a una barraca muy próxima. Camino en la oscuridad tras él. Al llegar, se despide con un «hasta mañana, compañera».

Estoy ante lo que debe ser «mi casa» durante el tiempo que permanezca aquí... La oscuridad es tan completa que se me hace imposible ver cómo es esto. Voy a entrar y tropiezo con algo... Palpo... es una hamaca con un cuerpo dentro. Intento pasar por debajo, lo logro y al incorporarme, algo me golpea la cabeza... otra hamaca. Comprendo, las hamacas en que duermen mis compañeras cuelgan en hileras amarradas a no sé qué. Agarro la mochila con la mano izquierda y me dispongo a pasar «a gatas» por debajo de todas las hamacas... algo que parece un ratón o una jutía[37] tropieza conmigo. Me estremezco de repugnancia y sigo. De vez en cuando me incorporo buscando un espacio. Al fin lo encuentro. Saco la hamaca de la mochila, luego el nylon[38]... Busco a tientas aquí y allá un lugar donde amarrar la hamaca. Por las sogas de las hamacas ya amarradas, me guío para amarrar la mía... Tropiezo dos o tres veces con mi propia mochila, las sogas se me enredan a los pies. Caigo, me levanto, vuelvo a caer. Al cabo del rato, sudando ya de tanto esfuerzo torpe en la oscuridad, mi hamaca está preparada y me dispongo a acostarme. Al sentarme, algo cede, trato de bajarme, pero ya es tarde y doy con hamaca y nylon en el suelo.

Quiero romper a llorar, pero me contengo. Con violencia abro el nylon, lo tiendo en la tierra y me echo sobre él. Más que agotada, me siento destruida...

---

36 *Derrame sinovial*: Lesión de la articulación que provoca un exceso de producción de líquido sinovial y causa distensión. La autora misma sufrió un derrame sinovial de la rodilla durante su estancia que la afligió durante años (N de E).
37 *Jutía*: (Caribe), también *hutía*. Mamífero roedor abundante en las Antillas (RAE).
38 *Nylon*: (Cuba), nailon. Material sintético (RAE). En este caso sirve de manto o toldo.

No sé qué tiempo hace que duermo. Despierto con una sensación extraña en las manos y en la cara. También en el cuello. Muevo los dedos... se me pegan unos a otros... ¡fango! ¡Maldita sea!, fango hasta en los labios. El nylon está lleno de agua fangosa. Me levanto... Llueve fuerte y un frío intenso se me cuela, haciéndome doler la médula de los huesos. Pero... ¿qué cosa es todo eso? Tanteo en la oscuridad. Saco de la mochila una pequeña capa de agua y un abrigo. Me los pongo y, tiritando, me siento sobre la mochila, a esperar rabiosamente que amanezca.

El agua de la lluvia se cuela por el techo y entra a chorros por todas partes. Siento el gotear y a juzgar por el ruido, debe ser mucha la lluvia. El frío, la humedad y el fango se pegan a mi piel. El asco que me produce cuanto me rodea, me estremece toda. Mi cuerpo, igual que el de cualquier animal aterido, tiembla. Instintivamente me arrimo a un tronco que encuentro a mi derecha en busca de calor, pero una rana salta sobre mí y queda quieta, cómodamente instalada en mi cabeza. La repugnancia me impide moverme. Pienso en la piel pegajosa del batracio[39] y ni siquiera intento tocarla con mis manos.

Al fin se mueve, salta al fango y empieza a croar. Respiro hondo. La más absoluta sensación de miseria apodera de mí. Dos gotas calientes salen de mis ojos y me atraviesan las mejillas. No sé qué tiempo llevo aquí sentada. Hace largo rato cesó de llover. Amanece. Es primero una tímida claridad que no se atreve. Luego el sol que asoma lento entre los picos de las montañas, delineando el vigoroso paisaje de los montes. Voy descubriendo las cosas que me rodean.

Una fea barraca hecha de troncos. Sin paredes. Techo de guano con grandes hendijas, por las que escurren todavía las gotas de lluvia... Unas cien hamacas cuelgan en hileras formando dos pisos, tan próximos unas de otras, que chocan a cualquier movimiento de los cuerpos. El piso, de tierra y piedras, está lleno de charcos de agua

---

39   *Batracio*: anfibio (RAE).

fangosa. Grandes lombrices se arrastran de un lado a otro. El número de las enfangadas mochilas en el suelo corresponde exactamente al de las hamacas que cuelgan de los troncos horizontales. Miro hacia afuera. Toda la superficie del suelo que mi vista alcanza, es fango...

...Fango por todas partes. Aquí es como si el fango trepara. Salgo de la barraca tal como entré, con la ventaja de que ahora veo cuanto toco y la desventaja de cuanto toco está enfangado. Al llegar a un punto en que logro incorporarme, mis pies patinan. Intento dar un paso y voy a parar de fondillos en un charco. Vuelvo a incorporarme y me sujeto desesperadamente de cuanto alcanzo, pero las manos resbalan en las superficies fangosas y vuelvo a caer. Se me acerca un compañero.

—¿Dónde va, compañerita?

—Quisiera llegar a la letrina, ¿queda lejos?

—Un poco. Venga, la ayudaré hasta llegar arriba.

Me lleva de la mano y me da risa mi torpeza que se hace más visible frente a la agilidad con que este muchacho camina por los resbaladizos escalones.

Subimos un buen tramo y nos detenemos delante de una casita de madera con techo de zinc.

—¿Es aquí?

—No, más arriba.

—Ah.

—Eso que vimos ahí, es la escuela de los campesinos. Detrás está el lugar donde trabajan los responsables del campamento. ¿La ve? Es esa casita de madera y guano. Nosotros le llamamos «Intendencia».[40] Aquel rancho grande, sin paredes, es la cocina. La parte lisa que ves de la cocina a la «Intendencia» y que llega hasta la escuela, la hicimos los varones a pico y pala para evitar la caída de las compañeras en los días de lluvia. También construimos nosotros mismos la «Plaza Cívica»,[41] esa plataforma grande por la que pasamos hace un momento, cuando veníamos de su barraca. ¿La vio?

40　*Intendencia:* Centro de la dirección del campamento. Las comillas destacan la adaptación de la jerarquía y organización militar a la movilización civil de maestros voluntarios.

41　*Plaza Cívica*: Nombre de la enorme plaza habanera construida durante el gobierno de Fulgencio Batista, sitio de reuniones multitudinarias a partir de 1959 por lo que se renombra Plaza de la República y desde el 16 de julio de 1961 «Plaza de la Revolución José Martí» (*EcuRed*). Es importante notar que se reproduce este espacio simbólico de unidad pública de la Revolución en el campamento (N de E).

—No me fijé.

—La verá luego. Es una pequeña placita en el medio del campamento. En ella celebramos nuestros actos cívicos.

—Ah.

—Frente a la «Plaza Cívica» hay una pequeña loma que aprovechamos como «escenario». Allí colocamos la bandera y es el lugar desde el que nos hablan los responsables del campamento.

—Ah.

—¿Por qué dices tanto ah?

—Porque te estoy atendiendo.

—Ah.

Reímos los dos.

—Todas las mañanas nos reunimos en la «Plaza Cívica», izamos la bandera y cantamos los tres himnos.

—¿Tres himnos?

—El Himno Nacional, el del 26 y de los Maestros Voluntarios.[42]

—¿Todos los días?

—Sí... Espérate un momento.

Se aleja y lleva las manos a los lados de la cara como si fuera a preguntar.

—¡Campamento en pie!

Inmediatamente se ve un movimiento allá abajo, en las barracas. Todas saltan, desamarran las hamacas y haciéndolas un pequeño bulto con la colcha y el nylon dentro, las atan a uno de los troncos horizontales. En pocos minutos todo lo de las barracas ha sido recogido y hay un ir y venir de muchachas por todo el campamento.

El muchacho regresa a donde estoy.

—Oyes, corre si quieres llegar a tiempo a la letrina, porque si no, vas a encontrarte una fila interminable.

—¿Por dónde está?

—Allá, en lo alto de aquella loma. Es aquel ranchito desvencijado que se ve.

Quiero apresurarme, pero resbalo y vuelvo a resbalar. Desde arriba, una muchacha menuda, de grandes ojos azules, me mira y se ríe de mi apuro. Viene bajando hacia el lugar donde estoy y me grita.

---

42   *El del 26*: *Himno del 26 de julio*, (ver nota 4). *El Himno de los Maestros voluntarios* lo escribió «La Galleguita» una española del primer contingente de maestros voluntarios (Arias Medina, n 15 p. 26). Letra del coro: «Vamos, vamos Voluntarios / vamos, vamos a enseñar. / En una mano los libros / y en el pecho el ideal».

—¿Qué te pasa? ¿Estás «floja»?
—Falta de práctica, creo.
—Ven, te ayudo. Dame la mano. ¿Eres nueva?
—Llegué ayer.
—En una semana te acostumbrarás a caminar por aquí.
—¿Tú crees?
—Muchacha, ya verás, si nos pasamos el día subiendo y bajando lomas y cómo hay que correr para que el tiempo alcance para todo lo que hay que hacer. ¿Cómo te llamas?
—Vilma. ¿y tú?
—Me dicen Royi. Ya llegamos. Fíjate, tendremos que hacer cola.

Al llegar, muchas de las «viejas» me miran con curiosidad. Doy los buenos días lo más agradablemente que me es posible y casi todas contestan. Dentro de la letrina hay una compañera, que a juzgar por la impaciencia de las que están en la cola, se demora bastante. La que está más próxima a la puerta, le grita, pegando la cara al saco de yute que cubre la entrada.

—Oiga, la que está adentro que se apure.

La muchacha sale de la letrina murmurando entre dientes. Una tras otra, van entrando y saliendo. Algunas no llegan a entrar y se alejan con la cara muy seria y los pantalones empapados. Espero mi turno con cierta preocupación... y llega... pero tarde. También yo me alejo antes de entrar, bastante molesta y con los pantalones mojados hasta los bajos. Royi trata de darme ánimos, pero la risa de algunas de las muchachas me mortifica. La voz de Royi se oye detrás de mí, cariñosa.

—Eso aquí es corriente. El clima es muy húmedo y muy frío. Aparte de eso, el hecho de «esperar turno» contribuye también a este problema. Sufrimos mucho con esto. Sobre todo cuando tenemos que pasar hasta tres días sin poder cambiarnos de ropa ni bañarnos.

No contesto. Me siento violenta conmigo misma. ¿Cómo pudo ocurrirme una cosa semejante? Y estas muchachas, ¿cómo es posible que estén hasta tres días sin bañarse?

Royi insiste en acabar con mi paciencia y sigue hablando.

—Apúrate, ahorita llamarán a formar.
—Pero si tengo que cambiarme los pantalones.
—¡Ja!, ni lo sueñes, apúrate.

Me toma de una mano y me arrastra tras ella. Al llegar abajo me detengo con la cara ardiendo de vergüenza. ¡Todos notarán mis pantalones empapados!

—¡A formar!

Todos corren a la «Plaza Cívica».

—Vamos, Vilma.

—No voy, Royi, ve tú.

—Izarán la bandera y si no estás al pase de lista, perderás tu puntuación en tu expediente.

Ya Royi me fastidia demasiado y salgo caminando rumbo a mi barraca sin prestarle atención.

Es Miriam la que me sale al encuentro. Se ve cadavérica a la luz del día. Hasta la voz se le ha debilitado.

—¿Dónde estabas?

—Por ahí.

—Vinieron a decirnos que esperáramos en la barraca hasta que vengan a distribuirnos.

—¿Distribuirnos?

—Sí por pelotones. Dice la responsable del campamento que cada pelotón estará integrado por 25 de nosotros.

—¿Para qué tanta complicación?

—Para procurar la mejor organización del campamento. Parece que por pelotones se controla más la disciplina.

—Qué bien, seremos soldaditos de plomo.

Digo esto con un tono irónico y me pongo a marchar hasta mi mochila. Miriam me mira con disgusto, pero está demasiado débil para reprocharme.

Busco mi pantalón limpio en la mochila bajo la mirada atenta de mi compañera.

—¿Qué vas a hacer con ese pantalón?

—Ponérmelo.

De pronto, nota mis pantalones mojados y se echa a reír.

—Ahora no te los puedes poner. Tendrás que esperar a que te autoricen para ir al río a bañarte. Aquí no hay un lugar donde una se pueda cambiar de ropa.

—¿Quién te lo dijo?

—La responsable.

—¿En serio?

—Sí.

—Pero... ¿Cómo me voy a quedar así?

Creo que hago uso de toda mi paciencia, cuando, doblando el pantalón, lo vuelvo a guardar en la mochila, sin decir una sola palabra de las muchas que quisiera decir en este momento.

Se oyen voces de todos los compañeros que cantan el Himno Nacional. Miriam y yo hacemos silencio. Me molesta el pensar que aquí se cante el Himno Nacional todas las mañanas junto con el del 26 de Julio. Tengo pocos deseos de permanecer en este lugar. Muy pocos deseos. Tanta gente vulgar. Tanto sacrificio absurdo. ¿Por qué Fidel mandará aquí a esta infeliz gente fanatizada? ¿Qué se puede obtener de todo esto? Me resulta muy difícil de entender. Oigo el himno de los Maestros Voluntarios:

«Las aulas de los montes se abrirán a la verdad.

Las aulas de los montes nunca más se cerrarán».

¿Será verdad? ¿Ciertamente se pretende ayudar, instruir al campesinado o sólo esclavizarlo, mediante una doctrina engañosa? A pesar de mi escepticismo, me impresiono. Quizás sean las voces que me llegan mezcladas a la fuerza del paisaje, o la letra del himno, o el eco que se rompe en las montañas. No sé, nada sé.

—Compañeras, por favor, formen fila en la placita detrás de la enfermería, que voy a hablarles en el acto.

Es una de las responsables de pelotón la que se ha dirigido a nosotras. ¿Qué querrán ahora?

Hacemos filas tal como nos han indicado. Cada vez me siento peor y más rebelde a todo esto. Se nos acerca la responsable con mirada de suficiencia.

Nos habla. Se presenta.

—Pueden llamarme compañera Zoila. Soy responsable de un pelotón y por unos días me ocuparé también de ustedes, hasta que se les nombre una responsable para cada grupo.

Nos distribuye por pelotones. Soy el número 11 del pelotón 2, Compañía C. Desde hoy me llamarán «11». Hasta me han numerado. ¡Habrá que soportar tanta idiotez! La «responsable» sigue hablando. Al hacerlo, los dientes blancos y salientes asoman por la boca de labios gruesos. Sobre su piel oscura, el sudor corre en gotas brillantes bajo el sol. La mujer camina de un lado a otro, balanceando los brazos a lo largo del cuerpo mientras habla. A veces se detiene y nos mira frunciendo los ojos, llevándose la mano a la barbilla. ¡Qué teatral!

—...Quiero que vean en mí a una compañera más. Seré únicamente un punto de orientación para ustedes. Pueden llegar a mí en cualquier momento que sea. Cuando me necesiten. Estoy a la absoluta disposición de ustedes. Bien, deben descansar. Tienen todo el día de hoy y el de mañana para reponerse. Pasado mañana serán incorporadas al trabajo del campamento. Pueden ir a sus respectivas barracas, hasta la hora del almuerzo.

Entre comentarios, regresamos a las barracas. Miriam tiene el número 10 en mi pelotón. Seremos compañeras de la barraca, estudios y trabajo. Todas las mañanas al levantarnos, las hamacas deben ser recogidas, pero por ser recién llegadas y por estar medio muertas del cansancio, nos han permitido como algo «especial», mantener nuestras hamacas hechas.

Miriam y yo entramos a la barraca y nos tiramos a descansar. Dejamos pasar los minutos, las horas, sin intentar movernos siquiera. Al cabo del tiempo, Miriam, más dispuesta que yo, sale a dar una vuelta y regresa a los pocos minutos con una buena noticia:

—Oye, Vilma, varias compañeras fueron al río a bañarse. Quizás nos vendría bien darnos una «friega» y cambiarnos de ropa. ¿Te sientes con fuerzas?

—Creo que sí. Probemos.

—¿Trajiste toalla y jabón?

—Y talco también.

—¿Qué esperamos entonces?

Recogemos rápidamente todos nuestros artefactos y bajamos los escalones del campamento con mucha más agilidad de la que nos creíamos capaces. Llegamos a una puerta grande donde hay dos muchachas uniformadas igual que nosotras, pero con rifles en las manos.

—¿Dónde van, compañeritas?

No contesto. Miro a Miriam, que comprende mi mortificación y se decide a hablar.

—Vamos al río, a bañarnos.

—¿Traen pase?

—¿Qué pase?

—¿Ustedes son «nuevas»?

—Sí.

—Nadie puede salir del campamento sin un pase de la responsable de pelotón. ¿Quién es la responsable de ustedes?

—La compañera Zoila.

Desde arriba, Zoila nos ha visto y grita.

—Déjenlas pasar. Van al río a bañarse. Que vuelvan en media hora sin falta.

—Bien compañeritas, pueden salir. Tienen media hora para regresar, ya lo oyeron.

—Miriam, ¿cómo se enteraría Zoila de que queríamos ir al río?

—Porque casi todas las nuevas están pidiendo permiso para bañarse. ¿Crees que es poca la churre[43] que traemos arriba?

—Claro.

—Apúrate.

—No puedo caminar más de prisa, me duelen mucho las piernas... Oye, qué camino tan bello Miriam. ¿De qué serán estas matas?

—Son de café. Todos los alrededores están llenos de cafetales. Cuando florecen se ponen lindísimas. Las flores son blancas, pequeñitas y numerosas. Cuando el cafeto florece, es como si nevara.

—Me gustaría verlos florecidos.

—Seguramente los verás. Esta mañana, mientras desayunaba, un campesino me estaba diciendo que se aproxima la época de que florezcan.

—Tú siempre estás enterada de todo.

Reímos las dos.

Nos acercamos al paso de un río de enormes piedras grises. De un gris tan claro, que es casi blanco. Hay una compañera haciendo posta el lado de una de las piedras más grandes.

—¿Van a bañarse?

—Sí.

—Cojan el camino de la izquierda. Al final hay una bajada que las llevará al río.

—¿Queda muy lejos? Miriam casi ha hecho pucheros al preguntarlo.

—No muy lejos. ¿Están cansadas?

—Bastante. ¿Por qué hacen posta aquí?

—Hacemos posta a las horas del baño para cuidar que ningún transeúnte pase por la parte del río donde nos bañamos.

—Qué buena medida, ¿verdad Vilma?

—Sí, muy buena.

---

43   *Churre*: (Cuba) Suciedad acumulada (*DEC*).

Seguimos caminando, después de empaparnos las botas en el agua del río. Tomamos por un camino muy estrecho que se pierde entre altos cafetos. Las piedras están cubiertas de un finísimo musgo verde muy claro y hay pájaros que cantan y revolotean por todas partes. Una infinita sensación de paz se respira en el ambiente. Todo cuanto miramos es de una belleza extraordinaria. Admiro todo en silencio, para adentro, sin querer compartir con Miriam, ni el más pequeño descubrimiento de mis ojos. Realmente es hermosa nuestra patria.

—¿Qué piensas?

La voz de Miriam suena inquieta en mis oídos.

—Nada... Me gustaría que mi hija viera todo esto.

—¿Tú tienes hija? Pero... ¿Qué edad tienes?

—Veinte años.

—Ah, yo te calculaba menos. ¿Cómo es tu hija?

—¿Cómo te la voy a describir? Para mí, es lo más lindo y lo más dulce de este mundo.

Podría decirle a Miriam todo lo que significa Vilma Esther para mí. Le podría hablar de su sensibilidad, de su inteligencia, de su apego a mí. Pero... sé que no podría hacerlo sin entristecerme demasiado y prefiero callar.

—Pero no te quedes ahí parada. Camina, que se nos hace tarde.

Su voz me trae a la realidad. Me toma de la mano y seguimos andando.

Llegamos a la bajada que nos anunció la muchacha de la posta. Miriam baja primero y más atrás yo, después de haberle pasado mi bulto. Al acercarnos al lugar donde todas las compañeras se bañan, me dan deseos de virar para el campamento. Miriam me detiene y seguimos caminando en busca de un lugar que nos brinde un poco de seguridad. Lo encontramos entre dos rocas gigantescas. El frío del agua apenas nos permite mojarnos los pies. Poco a poco nos vamos acostumbrando y nos bañamos del todo sin quitarnos la ropa interior por el temor de que «alguien» nos vea.

Una compañera hace posta a lo largo del tramo en que las demás toman el baño. Constantemente mira a un lado y a otro, para comprobar que nadie se acerca.

—Por lo que veo, aquí cuidan de todos los detalles.

—Ve convenciéndote de lo que es la Revolución.

—¿Por qué dices eso, Miriam?

—Porque veo bien que dudas. Dudas de todo, no sé por qué.
—Y tú... ¿Crees en todo?
—Sí.
—¿Por qué?
—Porque he visto claro y no tengo por qué dudar. Y tú... ¿Por qué dudas de todo?
—Porque no he visto claro y no tengo por qué creer.
—Eres terrible. Ya irás viendo claro. No te preocupes.
—Eso es lo que más deseo.
—Lo sé.
—¿Por qué lo sabes?
—Porque se te nota. Siempre observas y preguntas. Preguntas y observas.
—Tú también lo haces.
—Sí, pero yo llevo una intención distinta. Saber más, para poder llevar la luz a otros.
—Y, ¿qué intención crees que me guía a mí?
—¿A ti?, no sé. Te veo confundida, pero...
—Pero... ¿qué?
—Es como si tuvieras miedo.
—No te entiendo.
—Sí que me entiendes. Tienes miedo a creer en lo que estás oyendo, en lo que estás viendo día por día. Ya creerás dentro de poco. Tú eres de los que tienen que palpar para creer, y palparás nuestra verdad.

Nos hemos secado y nos hemos colocado nuestra ropa limpia. Después del baño, más frescas y dispuestas, hemos lavado nuestra ropa sucia y nos sentamos a charlar. De pronto, me doy cuenta del rato que hemos estado así, sentadas y casi olvidadas de la hora del regreso.

—¿Pasaría ya la media hora?
—Pues, no sé, vamos.

La cara de Miriam me muestra una expresión de disgusto.
—No te molestes, Miriam. No quise interrumpirte en lo que me decías, pero es que de verdad se nos hará tarde.
—Si no estoy molesta... Es decir, sí lo estoy, qué caray,[44] me da rabia que tú, que te pareces tan inteligente, estés tan tupida.
—Me has dicho como me dice mi madre.

---

44   *Qué caray:* (Cuba, oriente) interjección que se usa para expresar contrariedad o disgusto (DEC).

—¿También ella? Pues tiene mucha razón.

Reímos. Nos echamos los bultos a la espalda y emprendemos el regreso al campamento.

Me simpatiza esta muchacha de ojos vivos, pequeños y negros. Su sonrisa ancha, abierta constantemente al optimismo. La salud y la juventud le asoman a la mirada. Saludamos nuevamente a la compañera que hace posta en el río y subimos una de las pequeñas lomas que conducen al campamento. Quizás el agotamiento o la distracción no me habían permitido ver antes una pequeña tiendecita de paredes de madera y cartón que descubro ahora semiescondida entre un montón de cafetos. Bajamos unos pequeños escalones de tierra que conducen al rústico mostrador. Como no veo a nadie, doy los buenos días en voz alta, en tanto Miriam da unos golpecitos con una piedra en la madera manchada del mostrador. Un rostro de mujer muy joven asoma por la puerta del fondo. Los ojos expresivos de la campesina parecen querer saludarnos antes de que diga una palabra. La mujer se acerca con aire de humildad.

—Buenos días mi'ja.[45] Qué, ¿quieren comprar algo?

El tono dulce de la muchacha me anima a hablarle.

—Quisiéramos algún jugo. ¿Tienen?

—Sí, de guayaba.

—Deme dos. Tenga. ¿Vive sola aquí?

—No, con mi marido y mi hijo.

—Y otro bebé en camino, ¿no?

—Ah, sí... otro en camino. Hay que tener hijos pa' la Revolución.

—Sí, desde luego. Bien, hasta pronto, señora.

—Adiós mi'ja. Cuando ustedes gusten, aquí está su casa, ¿sabe?

—Gracias señora, volveremos. ¿Cómo es su nombre?

—Asunción.

—Mucho gusto en haberla conocido, Asunción.

—Lo propio mi'ja. Vuelvan mañana tempranito. Pa' entonces tendremos café acabaíto de colar.[46]

—Bien, hasta mañana.

Desde lejos nos gritamos las últimas palabras. Miriam, que ha estado callada todo el tiempo, me sigue en silencio.

---

45   *Mi'ja*: Mi hija, forma común de dirigirse a una joven sin importar el parentesco.
46   *Pa*: Para. *Acabaíto*: Acabado de. La autora imita el sonido del habla popular cubano en el que es común eliminar consonantes o sílabas y utilizar el diminutivo.

—¿Quedaste muda?
—Te miraba y te oía.
—Y... ¿qué?
—Nada. ¿Qué te parece la campesina?
—Me parece buena persona. Tiene una sonrisa muy humilde y la mirada tan tímida que inspira ternura. Es muy joven y además, espera un hijo. Si me lo permiten volveré a visitarla.

Nos acercamos al campamento. Sabemos que se nos ha pasado el tiempo y que la media hora que nos fue dada de permiso está más que cumplida.

—Es un desastre, primera salida y regresamos tarde. ¿Qué diremos, Miriam?
—No se me ocurre nada. Entra tú primero.
—Da lo mismo. Si nos regañan tendrán que hacerlo por parejo y tú también recibirás tu sacudida aunque estés detrás de mí.

Las muchachas que hacen posta a la entrada del campamento nos reprochan con una sonrisa.

—Compañeritas, se les pasó la media hora.
—Es cierto, compañera, perdónenos, es que como no conocíamos el camino nos demoramos un poco.

Para nuestra sorpresa, se acepta mi disculpa y nos mandan a subir a la «Plaza Cívica», donde la responsable del campamento les está hablando a todas las compañeras recién llegadas.

Después de dar las gracias, subimos con los bultos. El campamento en silencio. Sólo una agradable pero firme voz de mujer se hace oír. Todas nuestras compañeras de viaje han sido colocadas por filas en la Plaza Cívica. Cada fila es un pelotón. Entramos calladas y ocupamos los lugares que nos corresponden por nuestros respectivos números, con los bultos en el suelo, entre los pies.

En el «escenario» está una muchacha de unos veinte años, de cara bonita y ojos profundamente inteligentes y vivos. Lleva el cabello negro y largo peinado hacia atrás. En su piel oscura resaltan los dientes blancos y parejos.

Miriam acerca su cabeza a la mía y murmura en voz baja.
—Es bonita, ¿verdad?
—Sí tiene facciones muy finas aunque es bastante oscura de piel.
—No la encuentro tan oscura como tú dices.
—Pero si es mulata.

—¿Eres racista?

—No, no lo soy, pero es mulata y ya está.

La responsable del campamento nos manda a hacer silencio con voz dulce, pero decisiva. Después, continúa hablando, mientras lleva sus dos manos a la espalda y de vez en cuando se empina sobre la punta de los pies.

Miriam y yo hacemos «voluntariamente» silencio.

El hablar pausado, seguro de la responsable, atraviesa la quietud del campamento.

—Algunas de ustedes, la mayoría ha venido a la Sierra Maestra por servir a nuestro ideal revolucionario, otras, por un interés material y una minoría por el simple hecho de emprender una aventura. Es mi deber aclararles que en este campamento, al igual que en todos los campamentos de Maestros Voluntarios, la vida no les va a resultar muy cómoda. Nada cómoda ciertamente. La vida de ustedes aquí, será dura y de constante sacrificio. Sacrificio en todos los órdenes. Desde el comer hasta el dormir. Sacrificio en el trabajo y en el estudio. De aquí saldrán graduados aquellos compañeros y compañeras que observen durante toda la estancia en el campamento, una conducta, disciplina y moral intachables. Y piensen lo que lleva en sí la palabra *intachable*, porque es bueno que desde este mismo momento, vayan teniendo conciencia de lo que la Revolución espera y necesita de nuestra generación.

A nosotros nos tocan sacrificio y esfuerzo para lograr un futuro más libre en nuestra patria. Y lo haremos. Tenemos que lograrlo y lo lograremos.

Les hablo hoy, porque si alguno de ustedes cree que no pueda resistir, si alguno de ustedes siente que físicamente no podrá soportar esta prueba que, repito, es dura, puede presentarse en la «Intendencia» y hablamos. Nosotros sabremos comprender. A aquellos compañeros y compañeras que por razones físicas no puedan seguir, se les darán todo tipo de facilidades para que regresen a sus casas.

Así que, sean bienvenidos a nuestro campamento y «Patria o Muerte».

—«¡Venceremos!».[47]

---

47 Consigna común. Fidel Castro proclama «¡Patria o muerte!» por primera vez en un discurso del entierro de las víctimas de la explosión del buque francés «La Coubre» el

La responsable da media vuelta y se aleja rumbo a la Intendencia.

Sigo sintiendo el grito de Venceremos de todos mis compañeros.

Bah, contestaron mecánicamente, por la costumbre de oírlo en todas las bocas. Como el «Viva Jesús» que nosotros decíamos en el colegio.

—Ha estado *clara* la responsable con estas palabras. Muy oportuna.

—¿Por qué Miriam?

—Porque así todos saben ya que aquí no se viene a jugar o a pasar el rato.

—¿Y a quién se le ocurriría venir a «jugar» a un lugar como este?

—A cualquiera de esas personas que nunca en su vida tuvieron oportunidad de salir de sus casas por falta de recursos económicos.

—Bah, todo el mundo ha tenido alguna vez la oportunidad de dar un viaje aunque fuera dentro de su misma provincia.

—¿Sí?, pues mira si tienes la idea de lo que es «miseria». Yo por ejemplo jamás salí de mi pueblo antes de ahora.

—¿No?

—Y... ¿sabes por qué? Pues porque mi madre ganaba sólo lo necesario para vestir y calzar ella y yo. Y eso que nosotras estábamos bien, comparadas con muchas familias que apenas si comían todos los días.

—Tienes razón.

—Pues claro que la tengo, no faltaba más. A veces hablas como una inconsciente.

—Quizás haya algo de inconsciente en mí, no sé, no lo creo.

—Bueno, pero no te quedes parada ahí, vamos a buscar los platos, que están llamando a almorzar.

Mientras buscamos los platos, Miriam no cesa de hablar y hablar sobre la revolución, sus ventajas, sus bondades. Llega un momento en que no puedo más y la mando a callar.

—Mira, no me des charlas revolucionarias antes del almuerzo. Esperemos al menos que hayamos comido algo porque así, con el estómago vacío, es demasiado violento para mí...

Miriam aprieta los labios y echa a andar delante de mí, como si le hubieran crecido ruedas en los pies. Con cara de disgusto entro en fila

---

4 de marzo de 1960. El 7 de junio de 1960 en el discurso de clausura del Primer Congreso de los barberos, plantea la respuesta: «Para cada uno de nosotros, individualmente, la consigna es: ¡Patria o Muerte!, pero para el pueblo, que a la larga saldrá victorioso, la consigna es: ¡Venceremos!» (Castro, «Discurso pronunciado»).

y ocupo mi puesto junto a ella, sin saber qué decirle. Cada pelotón sube en fila india, guardando silencio. Cuando llega el turno a nuestro pelotón, Miriam va delante de mí muy seria, con plato, jarro y cuchara en mano.

Al llegar a la cocina, vemos todo un cuadro que conmueve. En un rancho de guano, sin paredes, siete muchachas cocinan en unos gigantescos calderos que están colocados sobre piedras, entre las cuales arden troncos de leña que despiden un humo enloquecedor.

El humo se mete por todas partes y los ojos, inyectados, de las muchachas, se cierran y se abren en un desesperado esfuerzo para ver la comida que remueven en el interior de los calderos, con unas ramas largas de árboles, peladas a machete.

Las muchachas están llenas de tizne hasta la punta de la nariz.

Las manos estropeadas y llenas de grasa.

Entrego mi plato y me sirven...

—Arroz, frijoles y malanga será lo que tendremos en muchos días, compañerita.

—Gracias.

—Patria o muerte.

—Pa'lante y pa'lante.[48]

Oigo las expresiones «revolucionarias» a mis espaldas. Callo. Tomo mi plato y me retiro. Miriam va delante de mí. También Mireya, una nueva amiga de las que ya están instaladas hace casi un mes en el campamento.

—Pobres muchachas, Mireya, cómo deben sufrir en ese infierno de cocina.

—¿Te parece, Vilma?

—Pues claro, es un crimen eso de ponerlas a trabajar con esos calderos gigantes. Se necesita fuerza de hombres para cargarlos.

—¿Tú crees?

—Seguro que sí, Mireya.

—Pues compañera, ve acostumbrándote a la idea de que en esa «cocina infierno» y con esos calderos «gigantes» tendrás que trabajar tú también.

—¿Yo?

—¿Y qué crees?

—¿Por qué yo? Si no sé cocinar.

---

48 Véase nota 19.

—Porque aquí todas trabajamos por igual. Los trabajos son rotativos. Mientras un pelotón lava, otro cocina, uno hace limpieza, y otro trae los suministros desde el Campamento Central y así sucesivamente.

—¿También suministros?

Esta vez ha sido Miriam la que ha saltado.

—Sí.

—Tú nos quieres tomar el pelo... Pero si nosotras hemos visto arrias de mulos cargadas que...

—Esas arrias de mulos que ustedes han visto, lo único que traen aquí es carne, cada 10 ó 15 días. Todo lo demás, lo «cargamos» nosotras mismas desde «El Central».

—¿Es posible? No comprendo la razón.

No puedo imaginarme una cosa semejante y sigo preguntando.

—¿Y van solas?

—Nos acompañan los muchachos de nuestro campamento. Ellos traen las cargas más pesadas.

—Al llegar aquí deben sentirse poco menos que destruídas.

Mireya me mira con un poco de ironía, pero cuando me contesta lo hace con una voz indiferente.

—Eso lo comprobarás por ti misma.

—Es verdad.

—¿Terminaste?

Observa que yo he dejado mi plato sobre la tierra y me mira como si hubiese cometido un delito.

—¿Comes siempre tan poco?

—Es que hoy no tengo mucho apetito.

—Bien, vamos a fregar los platos. Vengan por aquí.

Seguimos a Mireya por una pequeña pendiente a un costado de la cocina. Al llegar abajo, nos tenemos que poner al final de una cola de compañeras que esperan su turno para fregar los platos. En la fila se oyen comentarios de todas clases. Las familias, los novios, religión, política, estudios... Una muchacha pequeña y regordeta, de mejillas encendidas, se me acerca con amabilidad y me pregunta si no pienso comer el arroz y los frijoles que aún llevo en el plato. Al contestarle negativamente, se apresura a pasar la comida de mi plato al de ella y en un abrir y cerrar de ojos lo devora todo.

Llega mi turno para fregar. El agua del manantial se filtra por las rocas, cae sobre una yagua[49] usada a modo de canal y de ésta a nuestros platos.

—Esta idea se le ocurrió a un compañero— me dice Mireya con orgullo.

Acepto que la idea ha sido buena y busco un pedazo de jabón entre las rocas sobre las que descansa la yagua. Me dirijo a Mireya.

—¿Dónde está el jabón?

—¿Jabón?... Mira, toma estas hojas y un poco de tierra y estrégalo bien. Luego lo enjuagas y ya está. El jabón sólo lo utilizamos en la cocina para el lavado de las cazuelas y también para la ropa de todos los compañeros del campamento.

Tomo un puñado de tierra húmeda de entre las rocas y friego el plato venciendo la repugnancia. Luego lavo mis manos y las estrego con las hojas para quitarles la grasa que se ha impregnado en la piel. El plato queda limpio y mis uñas negras. Mireya ríe con gusto mirando mis manos.

—Qué cómica eres fregando, lo quieres hacer todo con la punta de los dedos y haces veinte muecas de asco.

Las tres reímos. La animación que he observado en la cola ha llamado mi atención y comento con Mireya.

—¿Cómo se pueden sentir felices en este medio tan hostil?

—Bah, cuando el ideal es fuerte, no hay medios por hostiles que sean, que no se puedan vencer. Además, entre nosotros hay igualdad, nos sentimos profundamente unidos, ¿cómo no vamos a ser felices?

—Cierto, puede que tengas razón.

—¡Puede que tengas razón! Pregúntale a las demás, a cualquiera de nosotras y te dirá lo mismo que yo. Variarán las palabras, pero el sentido, el fondo, será el mismo.

—¿Qué tiempo hace que ustedes están aquí?

—Un mes y días.

—¿Por qué nos llamarían a nosotras tan tarde? Hace más o menos ese tiempo esperábamos que nos llamasen.

Con lentitud, hemos llegado a la «Plaza Cívica». Mireya se sienta entre Miriam y yo, las tres al borde de la plataforma de tierra, con los pies colgando. Para cada cosa, nuestra amiga tiene una explicación. Bien sea por el tiempo que hace que está en el campamento, o quién

---

49 *Yagua*: Tejido fibroso que rodea la parte superior de la palma real y sostén de la penca de guano con la que suelen techarse los bohíos (N de E).

sabe por qué razón, Mireya sabe la respuesta a cada arranque de nuestra curiosidad o nuestro interés. La muchacha, de ojos azules y mirada serena, continúa contestando a nuestras preguntas sin mostrar impaciencia en ningún momento.

—Sería por la cuestión del transporte. Hay movilización general en todos los lugares del país y se dificulta mucho. De lo más recóndito de nuestros campos la Revolución está sacando jóvenes y trasladándolos a la ciudad para que estudien y se perfeccionen en alguna materia. En ómnibus, trenes y camiones viajan las personas de cada sector revolucionario.[50] Se entiende que no den abasto todos los vehículos de la isla. Cuba se transforma desde la raíz.

—Será eso.

—¿Tú eres miliciana?

La pregunta me sorprende desprevenida. En ningún momento pensé que yo pudiese tomar parte en Las Milicias.[51]

—No, no soy miliciana.

—¿Perteneces a alguna Institución Revolucionaria?

—No.

—Pero... simpatizas con la Revolución, ¿verdad?

—... Sí, claro.

—¡Oye! Cómo demoraste en contestar. Se ve que no estás integrada a nuestro proceso.[52] Yo también, al llegar, me mantenía medio indiferente a todo, pero ¡vieja!, hay que ver lo que es esto para sentirlo a fondo. Ya lo verás.

—Esperemos.

—Mejor nos vamos ahora para nuestras barracas un rato. Va a llover y este caminito, cuando se moja, es terrible, cualquiera se parte una pierna con los resbalones que se dan a cada paso.

Miriam y yo aceptamos y las tres nos despedimos.

Casi ignoro a Miriam que anda callada junto a mí, pero en algunos

---

50   De la misma manera que se transportan a los jóvenes de las ciudades a los campos en la Campaña de Alfabetización, hubo otros programas de educación para llevar campesinos a la ciudad. Un ejemplo es el grupo de 12.000 mujeres jóvenes del campo que se graduaron de la Escuela Ana Betancourt en La Habana en 1961 (Waters 238).

51   Casi de inmediato se formaron milicias de varios tipos -las Milicias Populares (desde los centros de trabajo, milicias juveniles, etc.) y las Milicias Nacionales Revolucionarias- para defender la Revolución. La Unidad Femenina Revolucionaria (UFR) y la sección de mujeres del Movimiento 26-7 formaron sus propias milicias de participación femenina (Chase 128-31).

52   *Proceso*. Una forma de nombrar las reformas y movilizaciones del gobierno revolucionario y después el proceso de construcción socialista.

momentos he sentido que me observa. Es como si quisiera preguntarme algo. Al fin se decide.

—¿Vas viendo lo que te decía? ¿Entiendes ahora por qué la Revolución?...

—Mira, Miriam, no empieces con tus «adoctrinamientos», ¿quieres? A todas horas machacas en lo mismo.

Zoila, la responsable de pelotón, nos ha oído y se acerca con una sonrisa. Trato de evadirme pero es inútil.

—¿Qué pasa compañeras? ¿A qué viene ese disgusto?

—Es nada, esta criatura que se pasa el día hablando de lo mismo.

—Vamos a ver, compañerita, ¿cómo es tu nombre?

—Miriam.

—Bien. Mira, Miriam, yo te he estado oyendo varias veces cuando hablas con tu compañera y sé que te anima la mejor voluntad. Por eso quiero decirte dos o tres cosas y necesito que me atiendas con calma.

Miriam presiente un pequeño reproche y enrojece, bajando la vista. La muchacha continúa hablando como si no notara la turbación de Miriam. Su voz es suave, pausada, persuasiva.

—Mira, Miriam, la Revolución no se le impone a nadie. La Revolución va sumando en sus filas a todas aquellas personas que por convicción y a través de los hechos, van viendo claro en nuestro proceso y van entendiendo nuestra verdad. ¿Cómo vas a querer que de un día para otro, una persona que, como Vilma, seguramente está confundida, despierte a nuestra verdad? Tú y yo vemos claro, es cierto. Ella también verá claro en todo. Es seguro que tendrá que ser así, porque cualquier persona de buenas condiciones morales y humanas, comprende fácilmente todo esto. Así que, déjala observar y preguntar cuanto quiera. Nosotros la ayudaremos en cuanto podamos, le contestaremos todas las preguntas que sean necesarias y hasta donde alcancen nuestros conocimientos, pero no la vamos a mortificar imponiéndole ideas que, por el momento, son difíciles de entender para ella.

Esta muchacha ha hablado con sencillez, casi con ingenuidad, ¿qué puedo contestar? Me siento culpable no sé de qué. La sangre me sube a la cara. Quiero hablar y no sé qué decir. Algo de tristeza me llega a los ojos. Miro a Miriam, luego a la muchacha y sin comprender ni analizar el por qué de mi actitud, les vuelvo la espalda, y corriendo entro en mi barraca, dejo plato, cuchara y jarro y me tiro en la hamaca tapándome los ojos con los brazos.

Esta gente... esta gente... Creo que ellos tienen razón en parte. Pero ... y lo demás ... todo lo demás...

Las casas de apartamentos, las casas de alquiler que le han quitado a mis amistades, ¿por qué?,[53] ¿acaso no eran de ellos?, ¿eran robadas acaso?, ¿no las ganaron con su sudor?, ¿y las tierras que les han sido arrebatadas?... ¿No eran cosas que les habían pertenecido toda la vida? ¿Por qué quitárselas ahora?[54] Seguramente si aquí se dan clases, me contestarán todas estas preguntas. Tendrán que aclarar todo esto. Habrá algún profesor que nos haga ver las cosas cómo son y por qué son.

Alguien se acerca a mi hamaca.

—...Vilma. ¿Qué te pasa?, ¿estás llorando?

Me quito el brazo de encima de los ojos y veo a Miriam. Inclinada sobre mi rostro me mira con cariño.

—No, pensaba en todo lo que hablamos.

—¿Te disgustaste con nosotras por lo que hablamos?

—No, el disgusto es conmigo misma, con el caos que tengo dentro de mí.

—No pienses en eso ahora, no te preocupes. Perdóname si te he herido en alguna cosa. Las veces que te he hablado lo he hecho de buena fe y creyendo ayudarte. Aunque reconozco que he sido impaciente en algunos puntos.

—No te disculpes, la que tiene que disculparse soy yo. Yo, que en fin de cuentas, soy la que está enredada en mil ideas confusas.

—Bien, cambiemos de tema. Estuve preguntándole a Mireya por las clases.

—¿Qué te dijo Miriam?

—Figúrate, no se sabe cuándo empezarán. No han llegado los profesores. Ni siquiera han llegado lápices ni libretas.

—Qué problema. ¿Qué harán?

—Bueno, como es de suponer, lo importante es que los profesores lleguen. En cuanto a las libretas, lápices y libros, tienen que venir de un momento a otro.

—Entre tanto, ¿qué haremos?

---

53 En la segunda Reforma Urbana (1960), el gobierno revolucionario redujo el derecho de propiedad a una sola residencia por dueño (Pérez 1995: 326).

54 Las dos Reformas Agrarias (1959, 1961) buscaban redistribuir las grandes concentraciones de tierras cultivables a los campesinos mediante la formación de cooperativas o la entrega directa a los individuos que las trabajaban (*EcuRed*).

—Hay mucho que trabajar en el campamento. Los muchachos tienen que reforzar los techos de las barracas y nosotros iremos en busca del guano para ello. Hay que construir una letrina nueva. También lavaremos la ropa de ellos y la nuestra, cocinaremos, traeremos suministros de «El Central» limpiaremos el campamento, haremos posta, no sé qué más.

—Pues sí hay trabajos por hacer. Oye, mira que tener que lavar ropa de hombre. Es duro.

—Sí, esos pantalones tan sucios y tan fuertes.

—Y... ¿lavaremos también la ropa interior de ellos?

—No, eso no, sólo las camisas, los pantalones y las medias, ah, también los abrigos.

—Menos mal.

—¿Qué creías tú, que lavaríamos también los calzoncillos?

—Sí.

Reímos las dos por largo rato.

Noto que afuera todos corren. Las muchachas de mi barraca, que, como yo, se habían echado a descansar, corren también.

—¿Qué pasará, Vilma?

—No sé, vamos a ver.

Salimos Miriam y yo. Todos se agrupan alrededor de la enfermería. Una de las compañeras que hace las funciones de enfermera asoma la cabeza por la puerta. Sus ojos lucen asustados.

—¿Llamaron a Luis?

—Sí, ya viene.

El responsable del campamento, muy serio, baja a grandes saltos los escalones que llevan a la enfermería. Sus ojos negros y expresivos, delatan su impaciencia.

—¿Cuál es la compañera que se cayó?

Una de las muchachas que está junto a la puerta le contesta con precipitación.

—Es Mirtha, Luis, está ahí dentro, el mexicano la atiende.

—Por favor, compañeros, apártense de la puerta, dejen que entre el aire.

Después de decir esto, el responsable entra con paso largo, sin mirar a nadie. Todos hacemos silencio.

Hay viva curiosidad en los rostros de las recién llegadas, las que hicieron el viaje conmigo. En las antiguas, en las que llevan más tiempo en el campamento, veo sin que me quepa duda, inquietud y preocupación. Lágrimas en algunas, manos que se aferran nerviosas a otras manos. Intercambios mutuos de interrogaciones mudas. Me siento sacudida por un sentimiento nuevo en este ambiente. Palpo la unidad, la completa identificación de estas muchachas. Es cosa que no se puede dudar, viéndolas así, con los faciales contraídos, los ojos húmedos, esperando calladas alrededor de la enfermería.

El responsable sale tenso, pero sereno y decidido.

—Pronto, necesito ocho voluntarios para llevar una parihuela.

De los muchachos que hay en el grupo, no queda uno solo que no se ofrezca de inmediato. Todos se adelantan.

—Ustedes mismos, Carlos, Humberto, tú Mario, y tú Enrique. Dense prisa. Consigan un tronco.

Se vuelve y nos mira a todos.

—La compañera Mirtha, se ha roto un brazo, habrá que llevarla en seguida al hospital.

Da la espalda y entra nuevamente a la enfermería. La responsable del campamento, asoma por la puerta su carita simpática, ahora grave. Los labios apretados y los ojos grandes, más abiertos y más brillantes.

—Estén tranquilos, la compañera Mirtha, será atendida debidamente, haremos lo que sea preciso porque llegue lo antes posible al hospital.

Dice esto y entra. Me acerco a una de las muchachas antiguas.

—¿Dónde queda el hospital? ¿Es muy lejos?

—En Minas del Frío, en el campamento militar, bastante lejos, lo suficiente como para que el dolor la desbarate de aquí allá.

—¿Qué tiempo de camino?

—Habrá que llevarla despacio, serán dos horas más o menos.

Me estremezco. Soy incapaz de seguir preguntando. Llegan dos de los muchachos con tronco de árbol al hombro.

—¿Compañero Luis, ¿podemos pasar?

—Sí, entren, entren.

La voz del responsable se oye desde afuera, firme, ordenando unas veces, suave, preguntando y dando ánimos otras.

—Vamos, ánimo Mirtha, esto si es una revolucionaria... ¡cuidado!... no la muevan así... ¿Duele?... Cuidado, Méjico, no la hales.... Bien, dame esa colcha... Ya está. Adelante, muchachos. Y ya saben, lo más rápido posible. Humberto, ¿todo en orden?

—Todo, Luis.

—Bien, ya sabes, eres el responsable del grupo. Cuida que todo marche lo mejor posible.

—Apúrense, no sea cosa que los sorprenda el aguacero.

—Hasta luego.

De la enfermería sacan la parihuela con cuidado. Un tronco grande y resistente del cual cuelga debidamente amarrada, la hamaca en la que han colocado a la compañera accidentada. Cada uno de los extremos del pesado tronco, descansa sobre el hombro de un compañero. Escalones abajo, se alejan hacia la salida del campamento. En los movimientos se destaca claramente el esfuerzo físico. Un grupo de compañeras los han seguido hasta la puerta. Sin darme cuenta, llego hasta la salida y los veo perderse a lo lejos por el camino bordeado de cafetos.

El campamento recobra lentamente su habitual movimiento, pero ahora no se oyen las risas de hace un rato. Se comenta en voz baja. Así se trabaja. Haciendo el menor ruido posible. Algunas compañeras que pasan junto a mí, se secan los ojos con las mangas de la camisa. Miriam y yo regresamos a nuestra barraca. Me siento distinta, un sentimiento indefinido va naciendo en mí. Miro a un lado y a otro y por primera vez me siento cerca de esta gente. Cerca de ese sentimiento común que los une. Admiro francamente esta demostración sencilla y humana de compañerismo. Pero no debo dejarme arrastrar por el sentimentalismo, seguiré observando fríamente.

Miriam ríe.

—¿De qué te ríes?

—De ti, observaba todo lo que ha pasado por ti en un momento. Sigue, sigue analizando. Pocas cosas verás que no sean como esta que acabas de ver.

—Puedes comentar lo que quieras. Estás firme en tu ideal y eso es bueno. Es bueno saber qué se es y por qué se es. Perdona si en algún momento fui ruda contigo, es la inquietud que llevo dentro lo que me atormenta a veces hasta el punto que ya conoces.

—¿Sabes lo que pienso, Vilma?

—¿Qué?

—Que llegarás a ser una buena revolucionaria.

Las palabras de Miriam se detienen en mí. «Llegarás a ser una buena revolucionaria». Resuenan dentro de mi cerebro como repetidas por un eco. Recuerdo haber oído palabras parecidas en boca de mi madre. Es la voz de mi mamá ahora, que se suma a la voz de Miriam. «Lo triste es pensar que podrías llegar a ser una buena revolucionaria, Vilma». No sé... no sé, no sé. Me llevo las dos manos a la cabeza. ¿Quién tiene la razón? ¿Quién?

Miro a Miriam. Su mirada confiada sale al encuentro de la mía.

—¿Por qué piensas que llegaría a ser una buena revolucionaria?

—Porque veo en ti base moral suficiente, sólo que estás un poco confundida.

—¿Un poco?

—Otros más confundidos que tú, han llegado a ver claro.

—¿Cómo lo lograron?

—Anteponiendo lo justo a sus intereses particulares, sin cegarse.

Callo. Mi inquietud crece por momentos. Cierro los ojos.

—¿Tienes sueño?

—Sí, un poco. Además me siento débil.

—Yo también. Es que estamos débiles realmente. La caminata hasta aquí fue horrible.

—Es cierto.

—Podemos dormir hasta que llamen a comer.[55]

Entramos en la barraca. Me siento en la hamaca, saco las botas llenas de fango y me acomodo lo mejor que puedo.

Pienso en la muchacha del brazo roto, la parihuela, los compañeros reunidos en torno a la enfermería... recuerdo mi familia... mi hija... la casa... mis amistades... Siento el balanceo suave de la hamaca y mi cuerpo al chocar con los cuerpos de Miriam y Anita, las compañeras que me quedan más próximas. Todo el estropeo de los músculos y todo el sueño, se me agolpan... Hay cosas que debo pensar... cosas que debo analizar... pero eso será luego... mañana quizás...

....

....

....

—¡A formar!

Saltamos de las hamacas. Me coloco las botas, las amarro y me peino lo mejor que puedo con las manos. Dormí demasiado y ahora

---

55   *Comer*: En Cuba, se refiere a la hora de comer de la tarde, en otros países, «cenar».

me tambaleo al ponerme de pie. Salimos corriendo de la barraca y llegamos a la Plaza Cívica tomando rápidamente nuestros puestos. El campamento en formación aguarda haciendo un gran murmullo. Todos hablamos al mismo tiempo. Aparece el responsable en el escenario y callamos de golpe. El responsable nombra a un compañero y a una compañera para que bajen la bandera. Los dos suben y proceden a la operación. Nos quitamos las boinas. No se oye una voz. La compañera marcha rumbo a Intendencia con la bandera doblada en las manos y el muchacho ocupa nuevamente su puesto en la fila.

Luis da unos pasos hacia delante en el «escenario».

—Los responsables de pelotón comerán primero. Inmediatamente después de comer, deben ir a la «Intendencia», tendremos reunión.

Frunciendo un poco los grandes ojos negros, busca a alguien entre las filas de compañeras. Luego, señala con la mano.

—Tú, Martha, busca la lista de pelotones y empieza a llamar para la comida.

Una muchachita menuda y de ademanes nerviosos sube corriendo, entra en la «Intendencia» y regresa con un cartón grande en la mano. Se para en el escenario y comienza a llamar pelotón por pelotón.

Luis ha dicho «tendremos reunión», ha dado órdenes de que las jefas de pelotón coman rápidamente y se presenten a «Intendencia». ¿Para qué serán esas reuniones y por qué tendrán que hacerse con tanto apuro?

Miriam, al lado mío, empieza a hablarme en voz baja.

—Qué personalidad tiene Luis, ¿verdad? Tiene la piel muy oscura, pero sus facciones son finas y agradables.

—Lo noté.

—¿Qué te pasa, estás preocupada?

—No me pasa nada. Habla más bajo, recuerda que en fila no debemos abrir la boca porque nos reportan y eso nos baja la puntuación en el expediente.

—Está bien, pero, ¿qué te pasa?

—Te digo que nada, Miriam. Oye... ¿qué será esa reunión de «jefes de pelotones» en Intendencia?

—Irán a acordar algo sobre la organización del campamento. Qué sé yo.

—Será eso, claro.

No pregunto más, pero esta reunión despierta más que mi curiosidad, mi desconfianza. ¿Cómo habrán sido escogidas las jefas de pelotones? ¿Serán hijas de socialistas?... ¿Tendrán misión especial del partido? Me sabe mal esto.

Nos llaman a comer. Subimos hasta la cocina, nos sirven la comida y con el plato en la mano nos sentamos en el suelo por grupos. El menú es el mismo de esta mañana, más o menos. Frijoles negros con arroz, un pedacito de malanga y un pedazo de guayaba en barra. El hambre me hace sentirle buen gusto a todo y como con placer entre un grupo de compañeras. El hambre transforma a la gente. Hace sólo unas horas, en mi casa, hubiese despreciado este mismo plato de comida, aquí no solamente lo como, sino que lo hago con deseos. Me pregunto si esta hambre nuestra, temporal, circunstancial, que sabemos es un hambre de horas, se puede comparar al hambre crónica que padecen las gentes más humildes.

Debe ser terrible padecer hambre año tras año, sabiendo que nada resolverá la situación definitivamente. Si fuera verdad que la Revolución protege a esa gente que nunca tuvo nada. Si fuera verdad...

Hemos terminado de comer. En el grupo se habla animadamente. Los jefes de pelotón están hace rato reunidos en «Intendencia». Entraron y luego la puerta se cerró tras ellos. En el grupo, hay dos muchachos de color que deben ser los jefes de los pelotones de varones. Uno de ellos tiene facciones finas, como Luis, y una firme personalidad. Mi vista ha quedado fija en la puerta. Quiero penetrarlo todo. Me inquieta no saber qué ha estado pasando dentro.

Las muchachas me invitan a ir con ellas no sé dónde ni me importa, casi no oigo. Sigo mirando la puerta y esperando no sé qué. Pasan unas dos horas y al fin, la puerta de madera fina y llena de hendijas, se abre. Todas las muchachas salen una por una y ya afuera, comentan en voz baja. También los compañeros hablan con ellas o escuchan con atención.

Una de las muchachas pasa junto a mí, me sonríe, revuelve mi cabello con la mano y entra a la cocina. ¿Qué tratará esta gente en esas reuniones? ¿Qué cosas tan secretas serán esas, que tienen que cerrar la puerta para que nadie entre mientras se mantienen reunidos?

—¡A formar! ¡A formar las «nuevas»!

¿Qué pasará?

Corremos a la Plaza Cívica. La responsable del campamento aguarda que estemos en formación. Se hace el silencio. La figura menudita y graciosa de la muchacha, luce como una muñequita desde abajo. Sonríe con gran simpatía.

—Bien, están ustedes muy disciplinadas. ¿Cómo se sienten?

Las voces contestan a coro: —Bien.

—¿Mucho estropeo todavía?

—¡Nooo!

—¿Les gustó la comida?

—¡Sííí!

—Vaya, por lo visto, todo marcha bien aquí.

Al hablarnos, nos va mirando y se inclina hacia adelante, con las manos en la espalda. Su mirada inteligente, despierta, sin llegar a ser penetrante, se detiene en cada una de nosotras. Habla despacio, marcando las palabras con claridad.

Nos orienta sobre nuestras responsabilidades en general y nos explica que la labor de una jefa de pelotón es orientar a las compañeras que estén bajo su responsabilidad y servir de vínculo entre los responsables de campamentos y nosotros. Destaca que las responsables de pelotones tienen los mismos deberes que el resto de las compañeras y que si alguna de ellas manifestase una conducta incorrecta y contraria a las leyes internas del campamento, sería inmediatamente depuesta.

Nos promete que en el día de mañana le será designada una responsable a cada uno de nuestros pelotones y que serán escogidas aquellas compañeras que se hayan destacado por su orden, trabajo, compañerismo, moral y espíritu de sacrificio.

Luego se despide de nosotros con un «Patria o Muerte».

Rompemos fila. Cada cual toma su rumbo. Respiro hondo. Lleno mis pulmones con el aire puro de las montañas. Aquí se respira y una siente que el aire le da fuerzas. También se mira a lo lejos y es como si el alma se agrandara.

Miriam va hacia la barraca.

—¿Te quedas, Vilma?

—Sí, iré más tarde.

Atravieso la Plaza Cívica. Llego con paso lento y despreocupado hasta el borde de una pendiente. Frente a las azules montañas que parecen acercarse más unas a otras, es como si descubriera de golpe mi nacionalidad. Como si un sólo dolor en este momento, la naturaleza me hubiera parido en este rincón del mundo.

El amor se me hace conciencia. Todo esto es mío por derecho. Tan mío, como de todo aquel que pueda llegar a amarlo así. La Sierra Maestra tiene un paisaje que se impone. Aquí fue donde Cuba gritó desde la entraña para crecerse.

Recuerdo las palabras de la responsable del campamento. Si son tan estrictos al escoger las jefas de pelotones, ya esto significa una garantía y tengo que reconocerlo así. En ese caso, yo trabajaré y cumpliré como la primera. Si es verdad lo que dicen, tendrán que tenerme en cuenta.

—¿Le gusta el paisaje, compañerita?

—¿Eh...! Ah, sí, mucho.

No me molesta el muchacho a pesar de haberme interrumpido. Observo que quiere hacer amistad y dejo que entable conversación.

—Estaba distraída. ¿La interrumpí? Quizás pensaba en su casa.

Dice esto y sus ojos castaños me miran interrogantes. Alto, delgado, de piel bastante oscura y manos de dedos finos, largos y nerviosos. Se mueve inquieto, como aguardando una respuesta y la punta de su bota da golpecitos en la tierra. Le sonrío con amabilidad.

—No, estaba aquí en cuerpo y pensamiento. Me pegaba al paisaje.

—Aquí todos los paisajes son lindos, cuando vaya a «La Escondida» en algún recorrido, verá cosas bellas.

—¿Qué lugar es ese?

—Un lugar muy bonito. Hay que subir una loma grande primero, luego bajar una pendiente y se encuentra uno con un llano donde hay una variedad de helechos y plantas con hojas de colores tan bonitos que sorprenden. La vegetación es espléndida. ¿Conoces el manto?

—No. ¿Qué cosa es?

—Una planta que tiene las hojas que parecen pintadas con pincel. Una hoja de manto tiene como tres o cuatro colores diferentes que se unen sin llegar a mezclarse.

—Ajá, qué bien.

—Además, hay pequeños manantiales de agua muy clara, rosales y muchísimas plantas tropicales, bellísimas, que alcanzan un tamaño gigantesco.

—Oye, por lo que dices, la tal escondida es un pequeño paraíso.

—Sí que lo es.

—Pues me propongo conocerla.

—Muchas veces, al ir de recorrido, las muchachas llegan hasta ahí. El día que le toque recorrido a tu pelotón, pide a la responsable que las lleve.

—¿Y no podría ir sola?

—Negativo, compañera, del campamento no sale ninguna muchacha. El reglamento de aquí es pura disciplina y moral revolucionaria.

Lo oigo y comparo la realidad en las versiones que me dieron mis amistades antes de subir a La Sierra. De la moral de estos campamentos perdidos entre montañas, me ha sido dicho lo peor, sin embargo, aquí se habla y se practica la moral. Quizás una moral que yo no comprendo, pero que se me antoja mucho más firme.

Siento la mirada limpia del muchacho, algo soñadora tal vez.

—¿Cuál es tu nombre?

—Roberto González... El tuyo lo sé, ya lo pregunté.

—¿Desde cuándo estás aquí, Roberto?

—Hace más de un mes.

—¿Te sientes bien aquí?

—Mejor que en mi casa.

—No exageres.

—No exagero.

—¿Cómo puedes sentirte mejor, viviendo como se vive aquí?

—Bueno, es que tú miras la parte de los trabajos, yo miro otros puntos.

—¿Qué otros puntos?

—Mira allá abajo, nuestros compañeros. Muchachas y muchachos juntos en un lugar apartado. Hombres y mujeres en plena adolescencia haciendo una vida en común y tan tranquilos, tan serenamente felices, que llegamos a querernos como verdaderos hermanos.

—¿No se enamoran algunas parejas?

—Algunas, lógicamente, pero es un amor distinto, más seguro. Es que se aprende a valorar las cosas, ¿sabes? Se tiene una idea más profunda de lo que debe ser la familia en la sociedad y se aprende a respetar. Piensa uno en una mujer y la ve trabajando, estudiando a la par que uno mismo y ya más que mujer, es compañera y merece el respeto y la admiración de uno. Ya después viene el amor y piensa uno en el hogar antes que en el beso.

—Casi te entiendo.

—Me entenderás cuando lleves aquí quince o veinte días. Quizás antes.

—Sí, es posible. Bueno, me voy, quiero dormir. Así pienso menos. Hasta luego.

—Hasta luego, Vilma.

....

....

....

Amanece.

No sé qué tiempo pensé y qué tiempo dormí. La luz ha ido apareciendo, las cosas han ido tomando forma.

Hoy será nuestro primer día de trabajo desde nuestra llegada. La idea me hizo despertar cuando aún era de noche. Me preocupo. Aquí son duros los trabajos físicos. Quizás no resista. Hay algunas que han enfermado ya y no soy de las más fuertes.

Oigo los pasos del compañero que hace posta. Me siento, calzo las botas llenas de fango seco y salgo sin hacer ruido.

—¡Alto! ¿Quién va?

—Una de las compañeras «nuevas».

—Acérquese. Bien, ¿a dónde va, compañerita?

—A ningún lugar. Pensé que iba usted a dar la orden de campamento en pie, como ya casi es de día.

—Faltan unos minutos todavía. Es un crimen despertarlas antes de tiempo. ¿Desvelada?

—Sí, apenas pude dormir.

—Bah, cuando empiece a trabajar se la pasarán los desvelos. Aquí cae uno rendido en la hamaca... Cuando llega la noche, si no es el sueño es el cansancio el que hace cerrar los ojos, y ¡zas! Hasta el otro día. Bien, ya es hora, tengo que llamarlas.

—Déjeme llamar a mí, ¿puedo?

Ríe complacido.

—Sí, ¿por qué no?

Me llevo las manos a ambos lados de la cara como si fuera a preguntar, y grito con todas mis fuerzas.

—¡Campamento en pie!

—¡Oye!, tremendos pulmones. ¿De dónde sacaste esa voz?

Reímos los dos.

El mismo ir y venir del día anterior, las filas, la bandera, los himnos, lo de todos los días la misma emoción en los rostros, la misma alegría en las miradas, el mismo entusiasmo.

A mi pelotón le corresponde ir a buscar suministros. Nos reparten las mochilas en las que debemos traer las cosas y partimos rumbo al campamento Central. El camino se nos hace interminable. La tierra seca y roja, se empina cada vez más, como si se inflara y se sembrara de piedras para hacernos más difícil la marcha. Pero todo es preferible a la lluvia. Si llueve, las piedras se cubren de un fango jabonoso y las pendientes, casi verticales al lado de los precipicios, se convierten en pistas de patinaje.

No sé si sentimos miedo o no al pasar por estos estrechísimos caminos en declive, creo que no, en ningún momento veo el miedo en los rostros de mis compañeros. Nos sentimos bien, hasta nos ha parecido mucho más soportable el cansancio que el día que llegamos.

La entrada a «El Central» es ancha. Nos saludan dos compañeros que hacen guardia. El encargado de los suministros, muy amablemente nos coloca de veinte a treinta libras de comestibles en las mochilas y emprendemos inmediatamente el regreso.

Delante de mí, dos compañeras van comentando.

—Oye, ¿por qué no se nos permitirá hablarles a los compañeros de «El Central»?

—Para que no se forme la «satería»[56] que tanto les gusta a algunas. Como somos nuevas...

Río al oír la conversación, pero no intervengo.

Los muchachos de «El Central» nos ven marchar con deseos de hablarnos, pero sólo nos dicen «adiós» con la mano y nos sonríen con los ojos. Alguno, con ellos derretidos, llega apresurado y, tratando de que no lo noten, deja un sobre en la mano de alguna compañera. Son novios o son casados y ha sido designado cada uno de ellos a un distinto campamento.

Bajamos corriendo. El camino de regreso es una «bajada» y esto hace que el esfuerzo sea menor. Nos lanzamos corriendo montaña abajo. Los compañeros y las jefas de pelotón que vienen con nosotros nos regañan, pero ellas también corren con los rostros encendidos y sonrientes. No les hacemos caso.

Una de las compañeras se adelanta cada vez más. Es rápida, pero

---

56 *Satería*: (Cuba) Coquetería. Se dice «sato» del individuo muy coqueto (Santiestéban 306).

demasiado arriesgada. La veo correr. Me detengo para verla. El camino hace una curva bordeando la montaña. A un lado, tierra, piedras, arbustos... Al otro, el precipicio.

—Cuidado en la curva.

—No corran por aquí.

La advertencia pasa de boca en boca. Del otro lado de la curva se oyen gritos. Llaman. Nos apresuramos. La muchacha que anteriormente corría, está llena de golpes en el suelo y hace el cuento a la vez que ríe nerviosamente. Las latas de leche condensada que llevaba en la mochila están diseminadas por el suelo y algunas ruedan pendiente abajo a gran velocidad, desprendiendo las piedras con sus golpes, rebotando aquí y allá.

Una de las jefas de pelotón se acerca a la muchacha, con el rostro enojado.

—Compañerita, es usted una irresponsable. Según lleguemos la presentaré a la «Intendencia». Les advertí que no debían correr por este lugar. Es peligroso. ¿No se da cuenta de que pudo matarse? Está reportada por indisciplina, ya lo sabe. Vamos, todas, adelante y «cuidando el pellejo», que Cuba nos necesita.

No puedo contenerme y comento con Miriam que viene detrás de mí.

—Qué grosera es esta mujer.

—Grosera o no, ha dicho la verdad. La chiquita es una insoportable.

—Pero la imbécil esa no debió haber hablado así.

—¿Y te parece poco lo que ha hecho esa criatura?

—¿Qué ha hecho? Correr es lo único que ha hecho. No ha ofendido a nadie.

—Ha puesto en peligro su vida.

—Es su vida y cada uno hace con su vida lo que le da la gana.

—¡Coño!, qué bruta eres. Si esa muchacha se cae de aquí, arrastra en su caída a todas las que van delante, ¿no lo entiendes? Además, aquí las cosas no se dicen por gusto. Cuando se dice cuidado, es porque es necesario tener precaución. Bonito lío se arma si a alguna de nosotras le ocurre un accidente por falta de precaución. Y en cuanto a eso de que «cada uno hace con su vida lo que le da la gana», estás equivocada, porque a nosotras la Revolución nos necesita y la cuestión es ser útil, no suicidarse.

—Bien, pero la próxima vez que me quieras aclarar algo, suprime las palabritas feas, recuerda que eres aspirante a Maestra Voluntaria y debes conducirte decentemente.

—Es que soy un poco suelta al hablar. Pero despreocúpate, que delante de mis alumnos no pasará eso.

Llegamos al campamento cuando ya las fuerzas que nos quedan, apenas nos alcanzan para subir los escalones.

Almorzamos opíparamente[57] y nos tendemos a descansar en el piso de las barracas. Me duermo y cuando despierto, ya es hora de bajar la bandera. Corremos a la Plaza Cívica. La responsable está en el escenario con cara de disgusto. Cruza los brazos y nos mira con la cara seria y los ojos fruncidos. Bajan la bandera. Quedamos en silencio.

—Quiero hablarles y como lo que tengo que decirles es de importancia para «todos», la comida puede esperar, ¿verdad?

—¡Síií!

—Algunos han venido aquí con la idea de «veranear», otros con la idea de perturbar y la mayoría, con el ánimo de trabajar. El que ha venido con la idea de veranear... que recapacite... o que se vaya. El que ha venido a perturbar... que recapacite... o que se vaya... porque los que tenemos ánimo de trabajar, no vamos a permitir que por «caprichitos» se falte a la disciplina del campamento. Hoy, por descuido y por indisciplina, una compañerita puso en peligro su vida y la de otras compañeras. Esa compañerita, Julia Fernández, ha sido advertida, para que otro día ponga más empeño en atender las orientaciones de las jefas de pelotón, porque cuando se vive en colectividad, no se debe actuar a lo loco. Es agradable correr montaña abajo, ¿verdad?

—¡Síií!

—Tendrán que hacer «tres Minas más».

Se oye un murmullo general.

—¿Qué, no les gusta? Pues ya saben, a cuidar más de que las compañeras no sean tan locas.

—¿Qué son tres minas, Miriam?

—Tres «paseítos» hasta El Central por suministros.

—¡Puff!

—Bueno, ya pueden ir subiendo a comer. En silencio y en orden.

La responsable se aleja rumbo a la Intendencia. La siguen Luis y dos jefas de pelotón. Comentamos en voz baja. Algunas protestan,

---

57   *Opíparo*: espléndido y copioso (RAE).

pero la mayoría está de acuerdo en que la medida es justa. Sobre todo los muchachos que cuidan bastante de nosotras, se muestran contentos y sonríen complacidos mientras comentan en voz baja.

Comemos, fregamos nuestros platos y luego, muchachas y muchachos, nos ponemos a cantar canciones de moda o a recitar poesías románticas. Luego... descansar. Compruebo lo que me dijo el compañero que estaba de posta esta mañana. Voy rendida a la barraca. La noche es espléndida. Todas las estrellas se quieren meter por las hendijas del techo de guano. Respiro hondo. Saco las botas y me acurruco casi cómodamente bajo la colcha y el nylon.

....
....
....

Otro amanecer me sorprende despierta. Nos reunimos como siempre y luego de desayunar, nos señalan las labores del día.

—¿Qué nos toca hoy?

—Lavado.

—¿Lavado?

La responsable de pelotón me mira y sonríe.

—Sí, lavado.

Nos reparten la ropa. Me han puesto en las manos media pastilla de jabón que debo compartir con Miriam, y seis pantalones de hombre.

—¡Puff! ¿Qué tienes que lavar tú, Miriam?

—Cinco sudarios[58]. Mira, son enormes y cuando se mojan, pesan una barbaridad.

—¿Los has lavado alguna vez?

—Sí, en mi casa, los de un primo mío que pasa los fines de semana con nosotros.

—Ahhh.

Mientras caminamos hacia el río voy pensando que con tan poco jabón y tan pocos puños[59], la ropa no me quedará muy limpia.

Cada una se coloca en una piedra grande. El río está lleno de ellas.

---

58 *Sudario*: material para limpiar el sudor (RAE). En este caso, una camisa de esa tela.
59 *Puños*: alusión al acto de «lavar a mano», para el cual es preciso restregar un puño contra otro (N de E).

El agua rompe aquí y allá, jugando entre las piedras blancas.
Miriam y yo nos repartimos el jabón.
—Ten cuidado que no se te escape algún sudario en la corriente.
—Cuida tú el jabón, que es oro en estos lugares.
—¿Sabes lo que dice Gladys?
—¿Qué?
—Que si ella descubre que la Revolución es Socialista, se va de aquí con viento fresco.[60]
—¿Eso dijo, Vilma?
—Sí.
—¿Quién te lo contó?
—Me lo dijo a mí.
—¡Ah!
—Y tú... ¿te irías?
—No sé... creo que no.
—¡Vaya, vamos progresando! ¿Se puede saber qué te ha hecho pensar así?
—Todo.

Hacemos silencio. Canto una canción popular y todas las compañeras que lavan cerca de mí, me acompañan.

Miriam y yo, lavamos hasta consumir el jabón. Lejos de lo que suponía, los pantalones han quedado bastante aceptables, aunque las manos me laten y las tengo rojas. Colocamos las ropas al sol, sobre las piedras, y marchamos al campamento.

Llegamos cuando ya están almorzando.
—Corre a buscar tus herramientas, Vilma, que ya es hora de almorzar.
—¿Qué herramientas?
—El plato y la cuchara, boba.

Salgo corriendo detrás de Miriam a buscar plato y cuchara y me presento con ellos a la cocina. El arroz se ha quemado y los frijoles están medio crudos, pero el hambre nos hace comer bien.
—Estoy aburrida, Miriam. ¿Cuándo empezarán las clases?
—No han dicho.
—Es que por las tardes no tenemos nada que hacer y eso me fastidia.
—Pues yo me siento bien.

---

60   *Con viento fresco*: Expresión coloquial: «de mal modo» (RAE).

—Yo no, Miriam, desde esta misma tarde, me integraré a cualquier pelotón que esté trabajando, si me lo permiten. Detesto estar con los brazos cruzados.

—Allá tú, si no te basta con el trabajo que ya tenemos.

—Por las tardes, ¿qué haces?

—Nada, por las tardes no tendremos nada que hacer hasta que lleguen los profesores.

—Pues, yo haré algo, la inactividad me pone de mal humor.

Miriam se levanta, la veo alejarse rumbo al río.

Por todas partes hay grupos de compañeras hablando animadamente. Sólo los pelotones a los que les ha tocado trabajo por la tarde, se ven en distintas faenas.

Me levanto, le pido un pase a la responsable de pelotón para ir hasta la tiendecita y tomo el camino de los cafetos, respirando hondo. Me hubiera gustado poder decirle a Miriam la razón de no querer estar inactiva, pero no sé qué falso pudor me detuvo. ¿Cómo voy a explicarle que considero una falta estar sin hacer nada mientras hay otros que trabajan? Y más en un lugar como este, en que todos somos necesarios. Sólo por compañerismo siente una que no puede estar sentada mucho tiempo viendo que los pelotones en turno no son suficientes para cubrir el trabajo.

Llego a la tiendecita. Asunción está sentada en un taburete de cuero[61] que ha recostado a uno de los horcones[62] de la casa. Me ve llegar y sonríe.

—Buenos días, Asunción.

—Buenos día, mi'ja.

—¿Qué se cuenta de nuevo?

—Na[63] nuevo, mi'ja. Pasa y siéntate.

—¿Hay café?

—Sí, acabaíto de colar. Sírvaselo usté misma.

—Entro hasta la pequeña cocina donde hay un fogón de madera y zinc que el marido le construyó.

Me siento en otro taburete y saboreo el café.

—¡Qué bien sabe una taza de café después de almuerzo! ¿Verdad, Asunción?

---

61 *Taburete*: Silla campesina típica con el respaldo muy estrecho, en este caso guarnecida de cuero (N de E).
62 *Horcón*: Columna de madera que sostiene el techo de las casas rústicas (N de E).
63 *Na*: Nada.

Sonríe.

—Verdá, mi'ja.

—¿Se vende mucho aquí?

—Sí, se vende bastante. ¡Vea!, ustedes se pasan el día comprando galleticas y de to.

—Es que el aire de las montañas abre el apetito.

—Vea, cómo que no. Y con lo que ustedes trabajan.

—¿Y su esposo?

—Ta pa Manzanillo.[64] Fue a comprar cosas que necesitamos pa la tienda. Va a llegar de un momento a otro.

—Bueno, cuéntame, ¿cómo va esa barriga?

Sonríe feliz.

—Parece que va bien. Pero yo quiero estar en Manzanillo pa la hora de parir.

—Me parece bien.

—Ahí viene Fermín.

—Se levanta y va ligera al encuentro del marido.

—¿Qué tal, viejo?

Se dan un beso.

—¿Qué pasa, tas bravo?

El rostro moreno de Fermín está contraído por el furor. Sus ojos negros brillan y se hacen más pequeños tras los espejuelos de gruesos cristales. Se quita el sombrero y lo tira sobre una mesita de madera que hay en una esquina. El cuerpo recio del hombre, se mueve de un lugar a otro con impaciencia mientras habla. Parece una fiera enjaulada. La voz potente rompe la tranquilidad que hasta hace un momento había en la casa.

—Pasé por lo de Sebastián y resulta que le han cerrado la tienda.

—¿Y por qué?

—Parece ser que el gobierno piensa poner una Tienda del Pueblo por acá y ta cerrando to las tiendas de los guajiros. También han cerrao la bodega del Herminio.

—¿Pero, por qué? ¿Y de qué vamos a vivir?

—Pues mira a ver, si según me cuenta Sebastián, la Revolución lo está acaparando to.

—Pero, ¿le han cerrado la tienda así porque así?

---

64 *Ta pa*: Está para Manzanillo, una municipalidad y ciudad costera en la provincia de Granma, a 40 kms de Minas del Frío.

—Como lo oye, «maestra». Y sin habernos avisao de na.

No sé qué pasa por mí. ¿Será verdad lo que dice este hombre?

Pero... ¿Por qué habría de mentirme? En el caso de que este hombre esté diciendo verdad, se está cometiendo un abuso. ¿Acaso no dice la Revolución que defiende al campesino?

No puedo contenerme y sigo preguntándole.

—¿Cómo es posible?

—Como ha sío posible lo que se ha hecho en Cuba siempre. A nosotros na nos coge de susto. To los gobiernos son iguales y el que está arriba se olvida pronto del de abajo. Y si se acuerda, es pa cagarle la cabeza y na má.

—Fermín, ¿está seguro de lo que dice?... Tiene que haber una razón para que el Gobierno Revolucionario haya tomado esa medida.

—Na, «maestra», na. Usté está inocente, se cree que to el mundo es bueno, pero no es verdá. Tanta Revolución y tanto cuento. Ya usté ve. To se vuelve lo mismo.

—Y, ¿no le pagan las mercancías de las tiendas que le han cerrado a sus amigos?

—Eso sí, como que no. Pero sin na de ganancia, lo que nos ha costao y ni un quilo más.

Callo, estoy confusa. Este hombre debe estar equivocado. Me despido sin dejar ver mi disgusto y corro al campamento.

No sé cómo, llego a la Intendencia. Entro sin pedir permiso y me enfrento al responsable. Pregunto, indago. Casi exijo una explicación. El responsable sonríe comprensivo. Me mortifico ante su serenidad.

—Cálmese, compañerita, siéntese. Hablemos con calma.

La cara me arde. Casi no puedo contenerme.

—Es que no entiendo, Luis. ¿Por qué les están cerrando las tiendas a los campesinos?

—Todo lo verás claro. Pero vayamos por partes. ¿De acuerdo?

—Está bien.

Me he sentado frente a Luis, esperando ansiosa y desconfiada el resultado de sus palabras.

—Bueno, vamos a ver, Vilma, ¿quiénes son los que compran en esas tiendas?

—Nosotros.

—¿Solamente nosotros?

—No, también los campesinos de La Sierra.

—Bien, pues es el caso que esos campesinos dueños de tiendas, están cobrando sobreprecio por las mercancías y las infelices familias que viven por aquí, como no tienen otro lugar donde comprar porque no pueden ir hasta el pueblo próximo en la generalidad de los casos, están siendo víctimas de esta gente. Por lo tanto, el Gobierno Revolucionario ha tomado medidas y ha decidido que se abra aquí, en plena Sierra Maestra, una Tienda del Pueblo[65], en la cual se agruparán todas esas pequeñas tiendas y que será administrada por un grupo de campesinos honrados de la zona, para que se acaben los abusos en los precios y cada uno pague lo que realmente vale la mercancía. Será una tienda al servicio del campesinado, no un lugar donde se les explote más. Aquí, por ejemplo, se ha dado el caso de habérsele negado a una madre campesina una lata de leche condensada para su hijo, por no haber tenido ella, los treinta centavos que esta gente le cobraba. ¿Está claro?

—Sí, está claro, gracias, Luis.

—Es bueno que ustedes se preocupen de estas cosas porque los Maestros Voluntarios deben estar al tanto de todo cuanto ocurra en la zona a la que sean designados. Y también es bueno que ocurran estas cosas porque así van viendo por ustedes mismos y adquieren experiencias que más tarde les pueden ser provechosas. ¿Alguna pregunta más compañerita?

Estoy más tranquila ahora y le sonrío a Luis, casi con alegría.

—Ninguna otra pregunta, compañero, sólo que...

—Qué cosa, no tenga miedo, pregunte...

¿Qué harán esos campesinos al ser despojados de sus negocios?

—Se les ofrecerá trabajo a sueldo en cualquier cooperativa o alguna Granja del Pueblo.

—Ajá, bien. Gracias nuevamente, compañero. Con permiso.

Me levanto con la idea de irme, pero la voz de Luis me detiene.

—Oiga, ¿a usted le gusta leer?

—Sí, mucho.

—Mire, le voy a prestar este libro para que lo lea en sus ratos libres. Luego me dirá qué le ha parecido.

---

65 En 1959 se crea el Instituto Nacional de la Reforma Agraria (INRA). Además de establecer granjas colectivas, administra los recursos llevados a las áreas rurales para los programas de salud, educación, finanzas, infraestructura y viviendas. Uno de ellos es la creación de una red de centros comerciales, al principio llamados Cooperativas de Consumo y después Tiendas del Pueblo (*EcuRed*).

Leo el título del libro y se me sube la sangre a la cara: «Fundamentos del Socialismo en Cuba»[66]. No sé qué digo y salgo de Intendencia con el libro bajo el brazo y sofocada.

Me propongo hablar con Asunción y Fermín y lo haré ahora mismo.

Bajo los escalones a saltos y salgo corriendo del campamento con un pase que después de mucho ruego, me da la responsable de pelotón.

—¿Otra vez por aquí?

—Sí, me entraron deseos de tomar otro café y me llegué corriendo.

—El que hice a lo temprano se acabó, así que tendrá que esperar un poco.

—Está bien, Asunción, no tengo apuro, esperaré. ¿Cómo se siente Fermín?

—Pues aquí me ve, «maestra», «barriga llena, corazón contento», como dice el dicho. Ahora mismo acabo de almorzar, que se me había hecho tarde por eso del viaje al pueblo y ya traía las tripas de un grito.

—¿Sigue disgustado por lo de las tiendas?

—Cómo si no, seguro que en unos días también llegan por aquí los «soldaditos».

—Son medidas necesarias para la buena marcha de las cosas, Fermín.

—¿La buena marcha de qué cosas, Maestra?

La actitud del hombre se hace algo agresiva, pero no me intimida, me siento lo suficientemente clara en el asunto, como para hacerlo entender.

—Hablemos sin alterarnos, Fermín. ¿Quiénes son tus clientes?

—Bueno, mis vecinos... ustedes... los milicianos que pasan pal' Turquino[67] y to esa gente a la que le ha dao ahora por subir lomas.

—Muy bien. Y ¿es verdad o no que a todos nosotros tú nos cobras

---

66 *Fundamentos del socialismo en Cuba*. Libro que expone la historia cubana desde el punto de vista marxista. Escrito por Blas Roca (1908-1981), político y líder comunista que participó en la lucha contra el General Machado en 1933 y llegó a ser líder del Partido Socialista Popular (PSP, nota 9) y miembro del Comité Central del Partido Comunista de Cuba (CCPCC) constituido en 1965 (*EcuRed*). Publicado en 1943 con la intención de «poner al alcance de las masas simples de obreros y campesinos, de todos los elementos progresistas y revolucionarios... una exposición metódica de los principios teóricos que sirven de base a toda la actividad práctica de nuestro partido», el libro fue reeditado múltiples veces. La edición que recibe Vilma será la de Ediciones Populares en 1961, solicitada por la dirección de las Escuelas de Instrucción Revolucionaria donde Roca nota en su prólogo que «el desarrollo acelerado de nuestra revolución ha convertido en pasado algunas de las cosas que en el libro estaban escritas en futuro» (Roca, 13).

67 El Pico Turquino, ubicado en la Sierra Maestra, es el punto más alto de la isla, con 1.974 metros sobre el nivel del mar (N de E).

las cosas que compras en el pueblo a un precio mucho más alto de lo que pagas por ellas?

—Bueno... yo... pero es que yo me tomo el trabajo de traerlas hasta aquí y algo tengo que ganarles, ¿no?

—El hecho de que seas tú el que traiga las mercancías hasta aquí, no te da derecho a abusar de los precios, Fermín. ¿No te das cuenta? Además, el gobierno cierra las tiendas, pero les brinda a ustedes otros trabajos donde inclusive pueden mejorar, de acuerdo con la actividad que cada uno desarrolla.

—Yo creo que la maestra tiene razón, Fermín.

La voz de Asunción no encuentra eco en el marido. Fermín la mira con los ojos encendidos, como si quisiera hacerla desaparecer en este instante. Comprendo que la situación se ha puesto tensa, pero me dirijo a Asunción, sabiendo de antemano que Fermín no va a perder una sola de mis palabras.

—Claro que tengo razón, Asunción. Tú misma, ¿no has aprendido a leer y a escribir en poco tiempo? He hablado con la compañera que te alfabetiza y me ha contado de tu inteligencia y tu facilidad para el estudio.

A Asunción le brillan los ojos de alegría. Sonríe humilde y bajando la mirada, se alisa la falda con la mano. Fermín, unos veinte años mayor que su mujer, muerde con rabia un tabaco y nos mira de cerca receloso. Creo que es prudente despedirme ahora y me levanto, despidiéndome cariñosamente de los dos.

—Bien, tengo que irme, ya va siendo hora de recoger la ropa lavada del río. Mañana volveré por aquí temprano y hablaremos otro poquito de este asunto.

—Ta bien, mi'ja, cuando usté quiera. Será bien recibía.

—Hasta mañana.

—Vaya con Dios, mi'ja.

—Fermín queda ceñudo y no contesta.

—Hasta mañana, Fermín.

Sonríe un poco.

—Hasta mañana.

Rumbo al río, con paso lento, saboreo intensamente el paisaje. Respiro con más tranquilidad. Me identifico con el ambiente. Sospecho que me quedaré aquí, más tiempo del que pensaba. Quizás me voy sintiendo útil. Estas medidas para impedir que se le robe a los campesinos, me gusta. Me hace sentir cierta seguridad en el Gobierno. Me gusta.

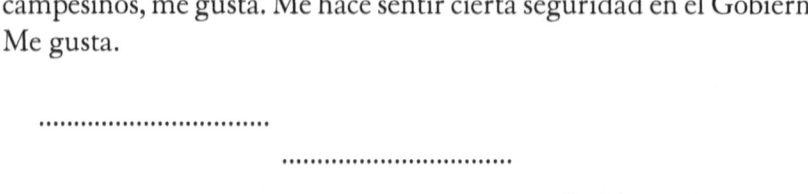

Han pasado días. Trabajo incesante. Entusiasta.

Barrer el campamento, traer suministros, sembrar plantas para decorar el campamento, cocinar, lavado, lecturas, fogatas los domingos, círculos de estudio, cartas de nuestros familiares.

Mi actividad, lejos de lo que creí en un principio, va pareja con la de las compañeras que me rodean. Hay días que trabajo hasta agotarme, pero lo hago voluntariamente, tratando de cubrir las necesidades del campamento. En mis ratos libres, estudio los «Fundamentos del Socialismo en Cuba» y le escribo a mamá, dándole detalles de los últimos acontecimientos y de mis últimas ideas. Hoy le ha tocado a mi pelotón hacer postas. En la puerta del campamento, con un rifle en la mano, me pregunto cuál sería mi reacción si alguien tratara de romper nuestra paz. ¿Sería capaz de matar a otro ser humano, a un cubano? Miro a mis compañeras... Van y vienen por el campamento. Unas con sus libros, otras cargadas con pencas de guano[68], un grupo está en la cocina, preparándonos la comida... Todos confiados, cumpliendo con su deber. Sí, sería capaz de cualquier cosa, sólo por mantener esto que mis ojos admiran día a día, esta verdad que he llegado a presentir, antes de conocerla como la estoy conociendo.

En todos nosotros se va operando un cambio. Nos acerca el trabajo en común, nos une la lucha en común por adaptarnos a un medio que nos es difícil.

Los más fuertes ayudan a los más débiles. El de más voluntad, impulsa al de menos voluntad y vamos siendo más comprensivos, más humanos. Vemos nuestra igualdad y nos asombra. Somos iguales y antes de ahora no habíamos sabido reconocer nuestra condición de iguales.

Hoy es un día especial para nosotras. Regresa la compañera Mirta[69]

---

68 *Pencas de guano*: Hojas de la palmera con sus tallos (nota 35).
69 Seguramente es Mirtha; el texto es inconsistente en el deletreo del nombre.

con una cara muy alegre, aunque algo desmejorada, diciendo que no soportaba más tiempo en el hospital, tan lejos de nosotros.

Delgada en grado sumo, con un brazo enyesado, se nota que de veras ha sufrido fuertes dolores físicos. Las compañeras la rodean y le hacen mil preguntas. Casi a la fuerza la hacen entrar en la enfermería para obligarla a reposar.

Mi compañera de posta y yo, miramos la escena desde lejos y reímos de contento. Según llegan nuestros relevos, nos dirigimos a «enfermería». Entramos.

—¿Cómo te sientes?

—Muy bien. ¿Eres nueva?

Mirta y yo no nos conocemos, pero al hablarnos, lo hacemos como si tuviéramos una vieja amistad.

—Sí. ¿Qué tal fue en el hospital, te atendieron bien?

—¡Muchacha! Me cuidaron como si yo fuera alguien muy importante.

—¿Es verdad que estuviste en el Hospital Militar de Minas del Frío?

—Sí, y los compañeros de allí fueron conmigo como verdaderos hermanos.

—Me alegro. Y el médico, ¿qué tal te trató?

—Muy cariñoso. Parece «buena gente» pero no quería que yo volviera tan pronto para acá. Al fin, después de mucho rogar, conseguí que me diera de alta.

—Y si te sentías tan bien allí, ¿por qué tanto apuro en regresar?

—¡Qué pregunta, vieja! ¿Te gustaría estar lejos de todo esto quince o veinte días, mientras las demás compañeras están pasando trabajos, tú acostada cómodamente tomando juguitos y comiendo pollo?

—Claro que no.

—Pues por eso me apuré en venir. Hubiera regresado el mismo día que me enyesaron el brazo, si me lo llegan a permitir.

—Comprendo.

—¿Comprendes qué?

—Eso.

—Bueno, eso no es de comprenderlo, es de sentirlo. Lo sientes o no lo sientes y ya está.

—Es cierto. Bien, te veré mañana nuevamente.

—Hasta mañana compañerita.

Salgo de enfermería y tropiezo con Miriam que llega con precipitación.

—Te andaba buscando.

—¿Qué te pasa?, estás roja.

—Es que subí corriendo. Ahí vienen los profesores.

—¿Quién te lo dijo?

—Yo los vi. Vienen ya por la bodeguita de Fermín.

—Al fin. Era hora.

—Ya los responsables salieron a recibirlos. El campamento está alborotado con la noticia.

—No es para menos.

—Seguramente las clases empezarán el próximo lunes.

—¿Por qué tan tarde?

—Figúrate, ellos tendrán que reponerse de la caminata.

—¿Vinieron caminando ellos también?

—¿Y qué pensabas?

—Pensé que los profesores vendrían a caballo, o algo así.

—¡De eso nada!, aquí todos marchamos parejo.

—Ya veo.

—Ven, vamos a sentarnos cerca de la entrada para que los veas cuando lleguen. Parecen naranjas exprimidas de tan cansados y sudados que están.

Rompemos a reír de alegría y bajamos las escaleras corriendo.

Al llegar abajo, vemos entrar a un grupo de hombres y mujeres jadeantes. Los acompañan los responsables de campamento. Si no fuera por el angustioso cansancio que se ve en sus rostros, daría risa el aspecto de esta gente. Pero el conjunto inspira respeto. Ojos que nos miran con simpatía desde las profundas ojeras, manos cansadas que saludan sin fuerzas, piernas que ya casi se niegan a seguir sosteniendo los cuerpos llenos de fango y sudor. Quedamos en silencio. Miriam me aprieta un hombro con la mano y me mira comentando con los ojos. Los profesores, al pasar junto a nosotras, nos miran desde el fondo de su agotamiento. Nos sonríen... Siento que la cara se me enciende de golpe. Me arden los ojos.

—¡Y estos son los profesores de la Revolución! Contra ellos es capaz de hablar cierto tipo de gente, Miriam.

—Tú lo has dicho, esos son los profesores de la Revolución.

—Con gente así, se aprende hasta escribiendo en la tierra.

Miriam no me contesta, pero me aprieta con más fuerza el hombro. No hablamos más.

....

....

....

Clases de Ciencias Sociales, Legislación, Gramática, Aritmética, Alfabetización, Agricultura, Sociología Rural, Primeros Auxilios.

Como no llegan a tiempo las libretas, escribimos en pedazos de papel cartucho, en la parte de atrás de las etiquetas que traen las latas de suministros, en cartones de algunas cajas que conseguimos en la bodeguita, en cuanto podemos escribir.

Sentados sobre la tierra o sobre el fango, recibimos nuestras clases. Pero pese a todos los inconvenientes, nuestro entusiasmo, en lugar de disminuir, crece. Preguntamos, surgen debates que traen la luz al entendimiento. Y aprendemos la historia de nuestro país. Pero es la verdadera historia del pueblo cubano, no la historia amañada que habíamos aprendido anteriormente en las escuelas.

El abogado joven que nos explica Legislación, va mostrándonos cada Ley Revolucionaria, lo más ampliamente que el nivel de educación general lo admite.[70] Todas nuestras preguntas son contestadas, todas nuestras dudas son esclarecidas. En sus ratos libres, los profesores quedan con nosotros y comparten nuestras inquietudes, orientándonos en los pequeños detalles que les presentamos fuera de las horas de clases.

El profesor de Legislación, alto, de unos veintiún años, de mirar inquieto y gestos nerviosos, se ve siempre rodeado de compañeros que, con libros y papeles en la mano, le hacen mil preguntas, de cuyas respuestas luego toman nota con gran cuidado.

La mayor parte de los días, se dan clases extras y colectivas por las noches. Entonces nos reúnen en la Plaza Cívica y cada compañero expresa sus dudas o da su opinión sobre un tema determinado.

Mi entusiasmo crece parejo al de mis compañeros. La Historia me

---

[70] El nivel de educación varía entre los voluntarios (Véase nota 27). Los *brigadistas* más jóvenes de la brigada Conrado Benítez (llamados a mediados de 1961 para entrar en la Campaña de Alfabetización) tenían un «nivel cultural, entre primaria y secundaria» (Pérez García, et al. 74).

Absolverá,[71] La Declaración de La Habana,[72] La Reforma Agraria, La Reforma Urbana,[73] Campaña de Alfabetización, ya son cosas que no tienen misterios para mí. He terminado de estudiar «Los Fundamentos del Socialismo en Cuba» y en mis ratos libres, le explico algún capítulo a mis compañeras. Trabajo hasta agotar la última fuerza del día. Mi inquietud política se ha convertido en un sincero afán de estudio, con el ánimo de transmitir inmediatamente lo aprendido. En los libros y en la práctica, la Revolución ha llegado a ser para mí, «nuestra causa».

—¿Cómo te sientes con las clases, Vilma?

Le contesto a Miriam con el mismo optimismo que me ha llegado en su voz.

—Muy bien.

—Te he visto trabajar muy duro estos días.

—Ayudo en lo que puedo. Realmente hay mucho por hacer aquí, pero el campamento mejora.

—Hay mucho por hacer aquí y mucho más por hacer en Cuba.

—Sí... Pero se hará. Con la fe de esta gente y el entusiasmo con que trabajan, todo será posible.

—¿Por qué no dices mejor: con «nuestro» entusiasmo?

—Bueno, «con nuestro entusiasmo». Voy a tomar café a casa de Asunción, ¿vienes conmigo?

—Te lo agradezco, pero voy a aprovechar estos minutos para escribirle a mamá.

—Hasta después entonces.

Luego de pedir el pase, salgo rumbo a la casa de Asunción.

—Buenas tardes, Asunción.

—Buenas tardes, mi'ja.

—¿Cómo se anda por aquí?

---

71 La enumeración alude a eventos claves para la historia revolucionaria. «La historia me absolverá» es la última frase declarada por Fidel Castro en su autodefensa ante el juicio en su contra por el asalto al cuartel Moncada. «Rebatió allí mismo la acusación de la fiscalía que los acusaba de promover un alzamiento contra los Poderes Constitucionales del Estado, asegurando que su rebelión era contra el poder usurpado por Batista ilegítimamente» (*EcuRed*). Reconstruyó el discurso, para su publicación y distribución clandestinas, bajo el título de esa frase contundente (N de E).

72 «*La Declaración de La Habana*»: Pronunciada el 30 de septiembre de 1960 ante una «magna asamblea popular» que responde a la Declaración de San José de la Organización de Estados Americanos (OEA) por denunciar las actividades imperialistas de los EE.UU. en América Latina, aceptar la ayuda de la Unión Soviética (URSS) en caso de que hubiera incursión estadounidense y declarar una serie de derechos humanos básicos para una América Latina liberada. (N del E).

73 Véase notas 53, 54 y 65.

—Pues, Fermín está pa Manzanillo y yo como siempre, cocinando.
—¿Un buchito[74] de café?
—Sí, con tu permiso.
Entro en la cocina y me sirvo yo misma el café.
—Siéntese mi'ja.
—Hoy no puedo sentarme, Asunción, tengo mucho que estudiar. La semana que viene tendremos exámenes y quiero sacar buenas notas. ¿En qué paró por fin lo de la bodega?
Asunción baja la vista y se alisa la falda con las manos.
—Bueno, se llevarán la mercancía en estos días.
—¿Y cómo está el ánimo de Fermín?
—El anda endemoniao con to esto.
—¿Y... tú?
Los grandes ojos de Asunción me miran con nobleza.
—Pue, yo me doy cuenta que usté tiene razón en lo que dice, pero me va a costar mucho trabajo convencerlo a él. Y eso que tenemos otra tiendecita allá por Manzanillo.
La noticia que me da la mujer me sorprende. Hasta este momento pensaba que el único sustento de esta familia era esta tiendecita hecha con maderas desvencijadas y pedazos de cartón, pero ahora me encuentro con la realidad de que son «propietarios» de una tienda en el pueblo. Casi mecánicamente le contesto a la dueña de la «tiendecita».
—Ajá.
—Sí, Vilma, lo que pasa es que Fermín es un amargao y tiene muchos resabios.
—Claro, claro. El irá comprendiendo poco a poco, yo te ayudaré. Y... ¿cómo van tus clases?
—Bien, dice la maestra que ya estoy pa primer grado.
—¿Ya ves? Me alegro mucho.
—Quiero irme a vivir a Manzanillo. Allá seguiré las clases y así tendré chance, como usté dice, cuando se abran las fábricas. Fermín está dudoso de irse o no, pero yo creo que al final se convencerá.
—Seguro que sí, ya verás... Bien, mañana volveré por aquí como siempre y hablaremos más tiempo, ahora tengo que irme.
—Bien, mi'ja. Hasta mañana.
—Hasta mañana, Asunción.
Salgo de la tienducha con un poco de tristeza. He sentido deseos

---

74 *Buche/buchito*: En Cuba, se acostumbra a tomar el café al estilo expreso.

de decirle a Asunción lo que pienso de su marido, pero me he contenido a tiempo. Muchas veces he observado el rostro de Fermín, cuando sus manos temblorosas y llenas de avaricia contaban el dinero. Muchas veces, también lo he visto revisar lata por lata y paquete por paquete la mercancía de la tiendecita. Y he observado cómo, mientras Asunción hacía sus «tareas» rebuscando con interés entre los libros, los ojos de Fermín, llenos de una envidia despectiva, parecían querer quebrar aquellas manos jóvenes que escribían despacio[75], cuidadosamente, como queriendo acariciar admiradas el blanco papel.

Asunción leía, preguntaba, escribía... y a Fermín le era insoportable que aquella mujer joven, que podía ser su hija, despertara de pronto a una realidad mejor.

No, yo no puedo decirle a Asunción lo que pienso. No puedo decirle que en los ojos crueles del esposo sólo he visto avaricia y desprecio. Prefiero alejarme, aunque luego regrese, por ella, nada más que por ella.

El aire fresco de la tarde golpea en mi rostro. Sufro la situación de esta mujer, que ella misma desconoce. Y veo a Asunción en futuro, lejos de Fermín, o quizás, cerca de él, ya sólo por lástima.

El ruido de las hojas secas que arrastra el viento entre las piedras atrae mi atención. Siempre disfruto con el paisaje de este tramo, que va de la bodeguita al campamento. El camino estrecho y escalonado, está bordeado a todo lo largo por cafetos. Enormes piedras blancas cubiertas de un musgo fino, muy verde, descansan a uno y otro lado.

—¡Vilma!

Me vuelvo. Es la responsable del campamento.

—Dígame.

—Quiero hablar con usted, ¿puede ser ahora?

—Sí, con mucho gusto.

—En estos días se nos va del campamento una de las compañeras responsables de pelotón. Tiene que ausentarse por enfermedad.

—...¿Sí?

—Usted sabe que para orientar a un pelotón se necesitan personas responsables y activas. ¿No es así?

—Sí, claro.

—Hemos pensado en usted y estamos seguros de que nos podrá servir.

---

[75] En el original *con despacio*.

—¿Yo?... pero... si yo... es que ...

No puedo evitar mi turbación, pero la responsable sigue hablando.

—Su conducta dentro del campamento ha sido observada detenidamente y tanto Luis, como los demás compañeros responsables de pelotones y yo, estamos convencidos de que nos puede ser útil. ¿Qué dice?

—Pues... ¿qué voy a decir?... Estoy dispuesta a ayudar en cuanto me sea posible. Mire, probemos quince días, si dentro de quince días, como responsable, usted comprueba que doy resultado, me lo dice y sigo ejerciendo como tal. ¿Está bien?

—De acuerdo. Bien, nos vemos luego. Después de comida tendremos reunión en Intendencia, no faltes. Hasta luego.

—Hasta luego, compañera.

Esto sí que está bien, «responsable de pelotón». Pero... ¿cómo es posible?... ¿Cómo haré?... Decir que no, ni pensarlo, eso estaría muy mal... Pero... ¡menudo lío este!... «responsable de pelotón». Tremendo lío... ¿Cómo haré?

Apenas puedo comer. Me he sentado cerca de Intendencia y no desprendo los ojos de la puerta. Los responsables del campamento han entrado y salido varias veces... Veo que los jefes y jefas de pelotón van entrando a Intendencia, pero no me atrevo a entrar yo. Al fin me decido, entrego mi plato lleno de comida a Miriam que me lo ha estado pidiendo y me acerco a la pequeña casa de madera. Entro. Los compañeros que han llegado antes que yo, están sentados sobre latas y cajones. En una mesita hecha de tablones, hay un farol y varios papeles. Sobre grandes tablas a modo de repisa, se amontonan latas de comestibles. En el suelo, sacos de arroz, azúcar y sal. Luis me sonríe al entrar.

—Buenas noches.

—Buenas noches, compañerita, esperábamos por usted para empezar la reunión. Siéntese.

Me siento sobre una lata de petróleo que hay en una esquina. Tengo la mirada de todos sobre mí, pero no me molesta porque es una mirada cariñosa, de bienvenida.

—Como ya todos sabemos, la compañera Vilma será desde hoy la responsable del pelotón B-4. Espero que ustedes también la ayudarán en la labor que le hemos encomendado.

Todos contestan afirmativamente.

La responsable del campamento se pone de pie.

—Bien, pasemos al asunto de los expedientes. Ustedes ya lo saben, pero es bueno repetirlo, que es de gran importancia la constante observación de las compañeras que integran cada pelotón. Estuve mirando las anotaciones diarias que cada una de ustedes ha hecho en los expedientes de esas compañeras. Están muy bien, se puede apreciar la labor que se está realizando. Hay que tener en cuenta que los Maestros Voluntarios, son los llamados a representar a la Revolución en nuestros campos. Es indispensable que cada uno de los que aquí se gradúen, estén realmente capacitados para realizar una labor, que además de enseñanza en general, lleve al campesinado una firme orientación política y social, así como un vivo ejemplo de moral. Habrá que hacer depuraciones y debemos cuidarnos mucho del «amiguismo» y la sensiblería. Hay compañeros cuya conducta nos dice a las claras que no serán nada eficientes en una labor tan delicada. Está más que comprobado, que una depuración «justa» a tiempo, salva a una organización de muchos problemas innecesarios. Pronto subiremos El Turquino, que será nuestra prueba final, antes de la graduación.

—Bien, eso quería decirles, ¿alguna pregunta?

Nadie tiene dudas, sólo yo me levanto casi con cierta timidez.

—Sí... por favor, yo quisiera saber, como para mí todo esto es nuevo y no conozco a las compañeras que integran el B-4 lo suficiente como para hacer observaciones... ¿qué me aconseja?

—Póngase en contacto con Gladys, que trabajó con el B-4 durante quince días... Ella puede ayudarla.

—Bien.

—¿Algo más?

—Es todo, gracias.

—Bien, si no hay alguna pregunta más que hacer, demos por terminada la reunión. Pueden retirarse.

Uno de los compañeros abre la débil puerta de madera y todos vamos saliendo en fila india. Ya afuera, comentamos un rato, intercambiamos impresiones, oigo frases de aliento en cada uno de ellos y nos despedimos marchando a nuestras respectivas barracas.

Como cada noche, con el dulce balanceo de la hamaca, me vienen recuerdos de mi casa, de mi hija, de mi madre... Pienso en las últimas cartas de mamá, tan llenas de alegría y de optimismo, y me pregunto qué dirá cuando sepa esta nueva noticia, pero no le escribiré hasta que no esté segura de si soy capaz de cumplir con esta tarea inesperada y difícil.

....
                ....
                                ....

Muy temprano en la mañana, recojo mis cosas y me mudo a la barraca donde está instalado el B-4. Quiero permanecer aquí hasta que despierten las compañeras, pero siento pasar los minutos y me inquieto. Vuelvo a mi antigua barraca. Miro una a una las hamacas de mis compañeras, y siento un poco de tristeza. Sé que mi responsabilidad de ahora me alejará un poco físicamente de estas compañeras y me dan deseos de quedarme con ellas más tiempo. Sí permaneceré aquí hasta que despierten y desayunaremos juntas como todos los días.

—¡Campamento en pie!

Las veo sentarse en las hamacas, como movidas por resortes. Oigo el familiar intercambio de «buenos días, ¿qué tal dormiste?». Las observo desamarrar las hamacas, buscar en el fondo de los enfangados bultos un pedazo de jabón, un cepillo de dientes o una toalla casi limpia. En el ir y venir, tropiezan los cuerpos o resbalan las botas en la superficie fangosa del suelo.

—Oye, madrugaste hoy. ¿Qué te pasa que estás tan seria?

—Nada.

—¿Nada...?

—Bueno... Es que no quisiera irme de aquí.

—Vaya, vaya.

—Miriam, no te rías.

—¡Ah! ¿Y por qué no puede uno reírse cuando está contenta?

—Es que tú te estás riendo con un poco de ironía.

—Me río como me río y ya está. Estoy contenta de ver tus reacciones. Antes no te hubiese importado irte del campamento y ahora resulta que ni de nuestra barraca te quieres ir.

—Es cierto.

—Y... ¿qué me cuentas...? Anoche estuviste en una de esas «misteriosas reuniones» de responsables que tanto te hacían pensar. ¿Qué me dices ahora?

—Mira, no me mortifiques sacándome esas cosas. Me haces el favor de serenarte, que no quiero problemas.

—Perdona, fue una broma de mal gusto. ¿Desayunarás con tu pelotón o con nosotros?

—Desayunaré con ustedes... Después empezaré a trabajar con ellas.

—Me parece que no debes, pero si te lo permiten... ¡Vamos, que están llamando a formar!

Formo fila con mis compañeras. Llegan los responsables de campamento y se procede al pase de lista.

—¿Por qué la compañera Vilma no está al frente de su pelotón?

—En seguida voy, compañera.

Salgo de la fila en que estoy y con la cara ardiendo, me coloco al frente del B-4. Tomo el desayuno junto con mis nuevas compañeras, intercambiamos impresiones. Oigo a cada una con atención. Doy oportunidad a que se manifiesten.

Puedo darme cuenta por las miradas y algunas palabras que se cruzan, de que hay cierta división entre las integrantes del B-4. Es lo primero que observo. Bonita tarea me espera. Si en el tiempo que llevan en el campamento no se sienten completamente unidas, ¿cómo lo lograré yo?...

Mi primer trabajo con el B-4 es lavado. Reparto las ropas, el jabón y partimos directamente hacia el río. He tenido buen cuidado de colocar juntas a las compañeras que, según la información de Gladys, no se llevan bien. Las observo mientras trabajan. Los rostros serios y la mirada huidiza. Apenas se hablan durante el tiempo que dura el trabajo. Luego de lavar la ropa y de regreso al campamento, las reúno para hablarles. De pie frente a este grupo de muchachas, las recorro una a una con la mirada y pronto descubro que esperan algo. Sus ojos interrogan... los escruto... pero ellos, a su vez, me escrutan. Me desconcierto y logro reponerme tan rápidamente que no llegan a notarlo... Me doy cuenta de que es peligroso alargar demasiado mi silencio. Comienzo a hablar lo menos torpemente que me es posible, tratando con toda la sutileza de que soy capaz, de destacar, primero las virtudes y luego las faltas que he podido observar en el grupo.

—Bien, este es nuestro primer día de trabajo juntas... yo, francamente, me he sentido bien en compañía de ustedes. He visto actividad y entusiasmo. Me alegra pensar que estoy representando a 24 compa-

ñeras que se esfuerzan por elevar su nivel cultural y político.
—Gracias.
La voz salió burlona y la mirada de la que ha murmurado el «gracias» es cortante. No hago caso y sigo:
—Lo único que sí me ha desagradado ha sido el hecho de que algunas compañeras dentro del pelotón no se entienden aún del todo. Sé bien que no es que se lleven mal, eso es absurdo entre revolucionarias, pero he visto la actitud de algunas de ustedes... que quizás se interpretan mal unas a otras. Esto lo vamos a ir superando. Tengo fe en que dentro de unos días el B-4 será un pelotón que marche unido. Pero con una unidad desde el fondo de cada una de nosotras. Para lograrlo, pondremos todo nuestro empeño, toda nuestra conciencia de que únicamente unidos nuestros trabajos y nuestros estudios se realizarán lo más rápidamente y mejor posible. ¿De acuerdo?
—¡Síí...!
—Esto es todo por hoy. Este tipo de reuniones las celebraremos semanalmente. Si en un momento determinado alguna compañera cree que yo he actuado injusta o equivocadamente, por pequeña que sea la duda o por insignificante que sea el hecho de que se trate, debe exponerlo libremente en esas reuniones. Así, entre nosotras podrá haber errores, pero no reservas. Bien, las que quieran quedarse conmigo pueden hacerlo si así lo desean; estudiaremos Capacitación Cívica hasta que llamen a almorzar.

....
        ....
                ....

Casi todo el pelotón queda conmigo, pero en lugar de estudiar, intercambiamos impresiones sobre todas las labores del campamento. La conversación ha surgido sin darnos cuenta y yo callo el mayor tiempo posible, tratando de penetrar en el sentir de cada una de estas muchachas, casi niñas en su mayoría, que sentadas sobre la tierra, llenas de sudor y fango, sonríen felices.
—Diana, tú estás alfabetizando, ¿verdad?
Los ojos negros de la muchacha se iluminan.
—Sí.
—¿Qué tal te tratan los campesinos?

—¡Ah!, de lo mejor, para ellos las personas más importantes de los alrededores son el médico y la maestra, figúrate.

Unas y otras van tomando parte en la conversación y se interrogan mutuamente.

—Pero hay que ver el atraso en que vivía esta gente, Vilma, ¿te has fijado?

—Sí que me he fijado.

Sí... Todavía en mi mente está fresco el recuerdo del último día de recorrido con mi pelotón. Todavía estará por mucho tiempo el recuerdo de aquellas casitas mal forradas por unas cuantas yaguas[76], de aquellos rostros de sonrisas tristes, de aquellos niños en cuya mirada, el hambre se ve como a través de un cristal. Es como si entrara ahora a aquella casita. Como si nuevamente viera aquellas hamacas llenas de remiendos en las que dormían cinco niños. Y veo correr delante de mis ojos, como aquel día, aquella niña de cinco años como cinco tristezas, que arropaba una botella llena de fango entre los brazos, llamándola «mi niña». Todo lo recuerdo... Lo recordaré siempre. Hasta aquella única cama de la casa. Aquella cama «reliquia» en la que, según cuenta la admiración de la dueña, durmió una noche Fidel. No, yo no podía imaginarme así la miseria. La miseria que yo conocía era aquella que se lee en los libros de historietas, la que se oye luego en cuentos y que se entiende «a medias». Ahora sí la conozco... y por haberla visto tan de cerca, hasta herirme, por esa parte de culpa que tenemos todos, me siento, al igual que mis compañeras, al igual que todo nuestro pueblo, capaz de combatirla.

—¿Y cómo podrían sobrevivir sin recursos en un medio como este?

La voz de mis compañeras atrae de nuevo mi atención al grupo.

Es Diana la que ahora contesta con su voz serena.

—No sé. Lo más horrible es pensar que uno ha podido estar sin preocuparse de esto durante tantos años.

Hasta el más joven del grupo quiere decir algo.

—Es que ni sabíamos que esta gente existía, ¿cómo íbamos a preocuparnos?

Cada una dice algo y permanezco en silencio, escuchando con atención.

—Nunca oí decir que en la Sierra Maestra vivían campesinos en este estado de atraso. ¿Algunos de ustedes lo supo?

---

76 Véase nota 49.

Nadie contesta, pero todas mueven negativamente la cabeza.

Diana se decide y habla nuevamente.

—Bueno, el caso es que ahora lo sabemos y que tenemos que ayudarlos a echar pa'lante.

Elenita, la más callada del pelotón, queda como pensativa y luego, como si su voz viniera de muy lejos...

—Por mi parte, tampoco conocía la miseria de esta gente, pero seguramente ellos no sabían que allá abajo, hay también mucha gente que conoce esa maldita enfermedad que es tener el estómago siempre vacío.

Todos reímos aunque el momento no es para risa.

—Lo que pasa es que el cubano, entre chiste y chiste, ha aprendido a sacudirse el yugo.[77]

—¡Ya era hora, vieja!

—Yo pienso que sólo una revolución como esta, hubiera sido capaz de ayudarnos a sacudir el yugo.

—¿Tú qué piensas, Vilma?

—¿Yo?... Pues, pienso lo mismo. Sólo una revolución como esta puede hacer que nuestra sociedad progrese definitivamente.

Digo estas palabras y siento que el optimismo crece en mí.

—Estás clara.

¿Estoy clara?... Me lo dicen y siento que es cierto.

—Al menos, cuando una comprende que hay una causa justa, la defiende.

—Pero en este caso, la tal causa justa, se llama Socialismo.

La voz que me ha contestado, suena burlona.

—¿Cómo es tu nombre?

—Nereyda.

—Bien, Nereyda, en este caso, la tal causa se llamará Socialismo como tú bien has dicho y ¿qué importa el nombre si los hechos demuestran claramente que todo cuanto se hace en Cuba actualmente, llámese como se llame la doctrina que inspira los hechos, es a más de justa, necesaria?

Se hace el silencio. Quedamos pensativas. Me luce sorprendente haber pronunciado estas palabras. Quedo paralizada, pero muy dentro de mí, comprendo que este es mi camino y algo, algo que se hace fuerza, algo que se hace claridad y seguridad, crece y me

---

77   Sacudirse el yugo: «liberarse».

impulsa. Me siento útil por primera vez en mi vida. Me siento útil a mi Patria y a mis semejantes.

—Si esto es Socialismo, no sé que decir, pero todos estamos contentos, ¿no es así?

—Claro.

Sin darme cuenta digo mis pensamientos en voz alta y mis pensamientos encuentran eco en mis compañeras. Alguien en el grupo empieza a cantar y nuestras voces se van sumando.

—«Somos Socialistas pa'lante y pa'lante...»...

Llaman a almorzar... Y la reunión se disuelve.

....

....

....

Hacía días que Miriam y yo no hablábamos. Cada una ocupada en nuestras faenas, apenas si teníamos tiempo de intercambiar un saludo de lejos. Hoy nos encontramos en el camino que va al río.

—Bajo el sol de La Sierra la flor del cafeto parece más blanca, ¿verdad, Vilma?

—Es la primera vez que veo cafetos florecidos, pero me gustan mucho.

—Bueno, el paisaje es lindo, pero no podemos detenernos, hay mucho por hacer.

—Siempre vale la pena hacer un alto en cualquier lugar de estos. Por aquí, la Naturaleza siempre sorprende.

—¿Cuántas veces pasarían Fidel y sus hombres por aquí?

—¡Quién sabe! Pero, ¿qué importa eso ahora?

—Es que a veces, cuando camino por estos lugares, me pregunto si alguna vez Fidel acampó por aquí, si se sentó en alguna de esas piedras.

—Es que tú eres muy sentimental, Miriam.

—Tú también lo eres.

—Pero tú, a más de sentimental, eres muy fidelista.

—¿Acaso tú no admiras a Fidel?

—Mucho. Pero Fidel no es más importante que la Revolución.

—Para mí, Fidel es la Revolución.

—¿Y si Fidel muriera?

—Creo que Cuba se hundiría.
—Estás hablando pura basura.
—¿Por qué?
—La Revolución está en todos nosotros, en el pueblo y no te quepa duda de que, aunque Fidel es muy útil, no es indispensable para que la Revolución marche.
—¡Ah... no?
—El rostro de Miriam se contrae de disgusto. Me apresuro a aclararle.
—Espérate, no te disgustes, lo que te quiero decir es que nuestro pueblo ha aprendido el camino que debe seguir y que con Fidel o sin Fidel, nuestra Revolución seguirá adelante.
—Mira... Creo que tienes razón, Vilma, pero es mejor que él siga viviendo.
—¡Claro!, todos queremos que sea así.
—Oye, Vilma.
—¿Qué?
—¿No te parece increíble todo lo que estamos haciendo aquí?
—Sí, me parece increíble todo cuanto ha sucedido en este tiempo.
—El trabajo, las clases... ¿Eh, Vilma?
—La alfabetización... los campesinos... Nuestro compañerismo. ¿Cómo van tus alumnos?
—Adelantan por días. Tienen un interés enorme.
—A mí me hubiera gustado alfabetizar, pero con la cantidad de trabajo que tengo, no me lo permiten. Y tienen razón, porque siempre ando corta de tiempo. Pero cuéntame, sigue hablando, ¿tienen ya letrina todas las casas?
—¿Letrina? Las letrinas se las estamos construyendo como podemos, entre los mismos campesinos y los compañeros que alfabetizan. La cuestión es irles enseñando a vivir mejor, con más higiene, como seres humanos que son.
—Son inteligentes, ¿verdad?
—¡Muchacha!, que si lo son; luego te salen con cada pregunta, que una se queda sorprendida.
—¡Qué bueno!
—Lo único más difícil, es la cuestión de ayudarlos a cocinar y a lavar y a limpiar sus ranchitos.
—¿Difícil?

—Sí... Porque la comida es muy humilde y las campesinas se apenan un poco. Claro que esto se les va quitando, pero hay que tratarlos con mucha suavidad y sobre todo, con dulzura y sencillez.

—Entonces, ¿tú les lavas las ropas?

—¿Yo?... Todas las compañeras que alfabetizamos lo hacemos... Les ayudamos a lavar, a limpiar la casa, a bañar los muchachos, a zurcir la ropa, a cocinar; en fin, en todos los trabajos que hay en una casa cooperamos con ellos.

—Los compañeros que alfabetizan, ¿también limpian y cocinan?

—No, ellos ayudan en las siembras y en todas las labores rudas.

—Oye, ¡qué interesante!

—¡Qué interesante! Tú siempre me sales con una palabrita de esas de mucho «caché».

—¿Y qué quieres que te diga?

—Di qué humano, qué revolucionario, o algo así, no ese «interesante» que suena tan frío.

—Bah, ya empezaste.

—Perdona, vieja, es que yo soy así.

—Bueno, ¿tú sigues por aquí?

—Sí, voy a bañarme al río. ¿Y tú?

—Yo voy a dale un vistazo a las muchachas de mi pelotón que están haciendo posta.

—Bien, «mamá-Vilma», hasta luego.

—Hasta después.

Recorro los lugares en que hacen postas «mis niñas», como les llamo cariñosamente a las compañeras que están bajo mi responsabilidad y regreso con paso lento al campamento. Al entrar se me avisa que me presente en Intendencia. Subo corriendo y me encuentro a la responsable del campamento.

—Buenas...

—Buenas, Vilma, siéntate.

—Gracias.

—Te mandé a buscar porque necesitamos intensificar los círculos de estudio y no nos alcanzan las orientadoras revolucionarias que tenemos. Por los profesores sabemos que eres una de las que más inquietud política demuestra en clases y de las que más estudia sobre estas cuestiones. ¿Podemos contar contigo también en esto?

—En esto y en todo lo que pueda ser útil.

—Bien, reúnete con los compañeros que están estudiando ahora con el profesor Rodríguez en la escuelita, para que empieces mañana mismo a trabajar en eso. Te harás cargo de un grupo de once compañeras. ¿Está bien?
—De acuerdo.
—Aquí está la lista de las once compañeras que estarán a tu cargo en orientación política, eso es todo.
—Hasta luego.
—Hasta luego, Vilma.

Esto sí que me da alegría, orientadora revolucionaria, lo he deseado en estos últimos días. Pero... ¿podré cumplir? Sí, estudiaré en mis ratos libres, estudiaré cuanto sea preciso estudiar... Cumpliré.

Con tremendo impulso entro en la «escuelita». Ya han empezado la clase sobre el primer capítulo de «Los Fundamentos del Socialismo en Cuba». El profesor explica ampliamente el comunismo primitivo y los distintos regímenes sociales. Luego debatimos los distintos puntos del capítulo y damos por terminada la clase, cuando ya hasta la última de nuestras dudas, ha sido esclarecida.

Al salir, me acerco a uno de los compañeros.
—¿Has entendido todo, Humberto?
—Todo.
—¿A qué hora tendremos que explicar esto mañana?
—A las cuatro de la tarde.
—¿Crees que todo saldrá bien?
El muchacho me mira y sonríe con seguridad.
—¿Cómo que si creo?... Saldrá bien. Dentro de unos días, este será el campamento que más base política tenga, ya verás.
—¿Habrá emulaciones entre los campamentos?[78]
—Sí, las habrá, Vilma, y las ganaremos todas.
—Quien ganará en todo esto será la Revolución.
—Tienes razón, Zoila.
—Tengo que irme, discúlpame, a mi pelotón le tocó hoy mantenimiento y es hora de que les mande relevo a las postas. Nos veremos luego.
—Hasta después.

---

78   *Emulación*: en la planificación económica socialista, competencia organizada para demostrar y celebrar las habilidades y la productividad de los obreros (*EcuRed*).

....

....

....

Los días han ido marcando un adelanto en mi grupo y en todos los grupos que forman los círculos de estudio. Ya no nos reunimos sólo a la hora indicada. Lo hacemos voluntariamente cada vez que el trabajo y los deberes de la clase lo permiten. Durante todo el día, a cualquier hora, hay un constante intercambio de ideas entre todos los compañeros. Los profesores, fuera de las horas de clases, están siempre asequibles, prestos a resolver cuantos problemas se les plantee.

Se ha promovido un interés general por las cuestiones políticas y se estudia con ahínco, con verdadero fervor.

Al efectuarse la primera emulación, nuestro campamento triunfa. Cantamos, saltamos de contento, nos abrazamos unos a otros. Continuamos nuestras labores de costumbre con un poco más de estímulo.

Sí, nuestro campamento marcha bien. Hasta en las comidas se ve nuestro adelanto. Ya los frijoles ni se queman, ni nos quedan crudos. Las ropas de las compañeras parecen estar más limpias, a pesar de que apenas nos alcanza el jabón. Ya los campesinos de la zona, saben leer y escribir. La palabra del día es «adelante».

....

....

....

Hoy el sol casi no se atreve a salir. Hay frío y una humedad pegajosa juega a quedarse en la atmósfera. El trabajo en el campamento sigue su ritmo de costumbre, aunque en nuestros ánimos, y en nuestra conciencia, el peso de los últimos sucesos nacionales, ha marcado una inquietud permanente. Bombardeos a La Habana, Santiago, San Antonio.[79]

Se movilizan las unidades de combate del Ejército Rebelde y en nuestras Milicias Nacionales Revolucionarias.[80] En el pequeño radio de pilas, oímos las últimas noticias. Miro a mi alrededor, las compa-

---

[79] El 15 de abril de 1961 los aeropuertos de San Antonio de los Baños, Ciudad Libertad (en La Habana) y el de Santiago de Cuba fueron bombardeados como preludio de la invasión por Playa Girón (véase la nota 86) (*EcuRed*).

[80] Las Fuerzas Armadas Revolucionarias (FAR), no se consolidaron como estructura militar hasta diciembre de 1961.

ñeras cuyos padres y hermanos están incorporados a las Milicias y al Ejército Rebelde, con los ojos enrojecidos, callan apretando los labios y los puños.

Hay posibilidades de una invasión, pero Fidel ha ordenado que no se interrumpa ni una sola obra revolucionaria: «La Patria resistirá a pie firme», ha dicho nuestro líder.[81]

Al terminar de oír el radio, proseguimos los trabajos de costumbre, esta vez con más ardor, con más fuerza. Soy incapaz de analizar lo que siento. Sé que sufro por todos. Mi dolor de hoy, es el dolor de mi pueblo que no se doblega ante la agresión cobarde de una nación poderosa. Todo cuanto hacemos nos parece poco. Apenas cambiamos impresiones. No es necesario, todos comprendemos nuestro deber. Nuestra responsabilidad.

Trabajamos, estudiamos, enseñamos.

Los compañeros y compañeras enfermos, han salido de la enfermería y se ponen a trabajar. Nadie ha podido mantenerlos en las hamacas... Nuestra unidad se hace más visible, más palpable. La unidad del pueblo de Cuba, nuestro pueblo libre.

Ni la lluvia, ni el frío, ni la tristeza rebelde de todos nosotros, puede detenernos. ¡Es que nada podrá detenernos!

....
....
....

Lluvia intensa. Somos bolas de fango.

Mochilas... hamacas... colchas, todo está cubierto de fango.

Durante la noche, los nylons que protegen nuestras hamacas, se hunden bajo el peso del agua, pegándose a los cuerpos. Nos levantamos de vez en cuando, exprimimos las colchas empapadas y nos cubrimos nuevamente con ellas en la oscuridad.

Frío... frío... frío durante noches y días... temporal[82] le llaman a este infierno. Ya en las tardes, las nubes heladas, se meten en el campamento... ni un rayo de sol... ¡a ninguna hora!... Las barracas se hunden y debemos reconstruirlas... Hombres y mujeres trabajamos por igual,

---

81 Comunicado de Fidel Castro al pueblo cubano el 15 de abril.
82 *Temporal*: Tiempo de lluvia persistente y mucho viento. La Sierra Maestra recibe mucha lluvia a partir de marzo y, debido a su altitud, las temperaturas pueden bajar hasta 40°F - 50°F (5°C – 10°C) (N de E).

cargando troncos y pencas de guano desde distancias absurdas... Con el cansancio tras la sonrisa, cantando a coro alguna canción revolucionaria: arriba y abajo por las lomas. Pero el temporal castiga y un temporal en las montañas, tan lejos de nuestras familias, sin correspondencia, viendo agotarse los suministros... ¡Cómo se siente!

A veces, sin atrevernos a confesárnoslo, nos sentimos desfallecer.
—¡Eh!, Vilma, descansa un rato.
—Gracias, Humberto, estoy bien.
—Déjame ayudarte con esas pencas.
—Bah, si puedo hacerlo sola, no pesan casi nada, mira... ¿ves?
Me tambaleo un poco al cargarla, y Humberto ríe.
—Ya veo, ya. ¿Cómo te sientes?
—Bien... ¿y tú?
—De pelea, qué caray.[83]
—¿Qué te hace reír?
—Tu facha.
—¿Crees que estás muy lindo? Pareces una naranja aporreada.
—¿Cómo a tu pelotón?
—Pues, tú lo has visto... muy bien.
—Sí que va bien... y tú... orgullosa.
—¿Yo?... contenta... feliz.
—Me alegro, compañerita.
—¡A FORMAR!
—¿A formar?... ¡Qué raro!
—Sí... corre, deja eso, debe ser muy importante.
—Reúne a tu pelotón, Vilma, yo buscaré el mío.
—¡TODOS A FORMAR!

Bajo el aguacero, entre caída y caída, todos vamos llegando a la Plaza Cívica. En completa disciplina, cada pelotón ocupa su lugar de costumbre. Sólo el ruido de la lluvia sobre el fango y sobre nuestros cuerpos.

La responsable del campamento nos explica brevemente que nos han reunido para que escuchemos a Fidel. Nuestro pequeño radio de pilas, protegido por un nylon, cuelga de un árbol. Poco a poco, resbalando en la superficie fangosa, nos colocamos lo mejor que podemos alrededor del árbol

Luis, con un jacket impermeable, está sentado en un tronco con la

---

83 *De pelea*: Gozar de buena salud una persona (coloq) (*DEC*). *Qué caray*: Véase nota 44.

cara muy seria apoyada sobre los puños apretados. El agua escurre por su rostro, pero él permanece inmóvil.

Oímos la voz de Fidel al acercarnos y sin distinguir aún sus palabras, por la tensión de la mirada de Luis y de varios compañeros que lo rodean, comprendemos que algo grave ocurre. La misma tensión se nos transmite sin que sepamos por qué.

Colocamos trozos de nylon y cartones sobre el fango y nos sentamos a escuchar el silencio.

—«Compañeros obreros y campesinos, esta es la REVOLUCIÓN SOCIALISTA Y DEMOCRÁTICA DE LOS HUMILDES, CON LOS HUMILDES Y PARA LOS HUMILDES. Y por esta Revolución de los humildes, por los humildes, y para los humildes, estamos dispuestos a dar la vida. Obreros y campesinos, hombres y mujeres humildes de la Patria, ¿juran defender hasta la última gota de sangre esta Revolución de los humildes, por los humildes y para los humildes?»[84]...

Nuestras voces son un solo grito, un único grito definitivo, el mismo grito de los obreros y campesinos que nos llega por la débil bocina del radio.

—¡Sí...!

—«Compañeros obreros y campesinos de la Patria, el ataque de ayer fue el preludio de la agresión de los mercenarios, el ataque de ayer que costó siete vidas heroicas, tuvo el propósito de destruir nuestros aviones en tierra, mas fracasaron, solo destruyeron dos aviones, y el grueso de los aviones enemigos fue averiado o abatido».

Nuevamente nuestro silencio se rompe con gritos y aplausos... ha dejado de llover, pero ahora son las lágrimas de nosotros.

—«Al combate... Vamos a cantar el Himno Nacional, compañeros».

Cantamos nuestro himno... con las voces roncas de emoción... como nunca antes pudo cantarlo nuestra generación...

—«Dispongámonos a salirle al frente al enemigo, con el Himno Nacional, con las estrofas del himno patriótico, con el grito de AL COMBATE, con la convicción de que MORIR POR LA PATRIA ES VIVIR y que EN CADENAS VIVIR ES VIVIR EN OPROBIOS Y AFRENTAS SUMIDOS».[85]

---

84 *Selecciones verbatim* del «Discurso pronunciado por Fidel Castro Ruz, Presidente de la República de Cuba, en las honras fúnebres de las víctimas del bombardeo a distintos puntos de la república, efectuado en 23 y 12, frente al cementerio de Colón, el 16 de abril de 1961» (Castro, *Discursos*).

85 La letra mayúscula en esta cita representa la citación directa del *Himno Nacional de Cuba* en el discurso de Castro.

—«Marchemos a nuestros respectivos Batallones y allí esperen órdenes, compañeros».

Al terminar de hablar Fidel, cantamos el himno de los Maestros Voluntarios y el del «26 de julio».

Apenas puedo observar, apenas puedo saber... Todos los rostros encendidos a mi alrededor... ojos brillantes... aplausos... gritos de «Viva Cuba Socialista». Todos nos tomamos de la mano... el campamento entero en pie de lucha... ¡unido!

Por encima de cualquier ataque, por encima de cualquier maniobra en contra de nuestro país, lo que sentimos, lo que palpamos, lo que se arraiga en nosotros es eso... ¡nuestra unidad! Cuba entera en pie de lucha... los cubanos unidos en una sola causa.

¡Cuba, como una realidad libre ante el mundo!

....
                    ....
                                        ....

El trabajo... el radio... las clases... el radio, círculos de estudio... el radio, charlas revolucionarias... ¡el radio! Ultimas noticias... tensión... espera... unidad... unidad... ¡Unidad!

Nuestro personaje más importante: el radio. Todos pendientes de él, en un sólo latido, consciente, mañana, tarde y noche.

Las compañeras que hacen postas, desde lejos, preguntan con la mirada. Nuestros ojos, nuestras manos, nuestros movimientos todos reflejan gravedad. La responsabilidad del momento nos llega con toda la fuerza brutal del peligro inminente.

—«Tropas de desembarco por mar y por aire, están atacando varios puntos del Territorio nacional al sur de la Provincia de Las Villas, apoyadas por aviones y barcos de guerra.

Los gloriosos soldados del Ejército Rebelde y de las Milicias Nacionales Revolucionarias han entablado ya combate con el enemigo en todos los puntos de desembarco.

Se está combatiendo en defensa de la Patria y la Revolución contra el ataque de mercenarios organizados por el Gobierno Imperialista de los Estados Unidos.[86]

---

[86] El gobierno norteamericano, por medio de la CIA y el Pentágono, organiza y financia el desembarco de 1500 exiliados cubanos (la brigada 2506) en la invasión de Playa Girón

Ya nuestras tropas avanzan sobre el enemigo, seguras de su victoria.

Ya el pueblo se moviliza cumpliendo las consignas de defender la Patria y mantener la producción.

¡Adelante, cubanos! A contestar con hierro y fuego a los bárbaros que nos desprecian y que pretenden hacernos regresar a la esclavitud. Ellos vienen a quitarnos la tierra que la Revolución entregó a los campesinos y cooperativistas. Ellos vienen a quitarnos de nuevo las fábricas del pueblo, los centrales del pueblo, las minas del pueblo; nosotros combatimos por defender nuestras fábricas, nuestros centrales, nuestras minas.

Ellos vienen a quitarles a nuestros hijos, a nuestras muchachas campesinas, las escuelas que la Revolución los ha abierto en todas partes; nosotros defendemos las escuelas de la niñez y del campesinado. Ellos vienen a quitarles al hombre y la mujer negros la dignidad que la Revolución les ha devuelto; nosotros luchamos por mantener a todo el pueblo esa dignidad suprema de la persona humana. Ellos vienen a quitarles a los obreros sus nuevos empleos; nosotros combatimos por una Cuba Liberada con empleo para cada hombre y mujer trabajadores. Ellos vienen a destruir la Patria y nosotros defendemos la Patria.

¡Adelante, cubanos! Todos a los puestos de combate y de trabajo.

¡Adelante, cubanos! Que la Revolución es invencible y contra ella y contra el pueblo heroico que la defiende se estrellarán todos los enemigos.

Gritemos ahora con más ardor y firmeza que nunca, cuando ya hay cubanos inmolándose en combate:

¡Viva Cuba libre! ¡Patria o Muerte! ¡Venceremos!»[87]

Después de oír el primer comunicado de Fidel, cada uno de nosotros ocupa su lugar en el trabajo. Hablamos lo necesario, pero en el esfuerzo común, en nuestro ademán decidido, se dice todo.

—¡Vilma!

—¿Qué?

—¿Puedo hablar contigo un momento?

—Sí... Ven conmigo, hoy le toca cocina a mi pelotón.

(conocida en los EEUU como «Bahía de los cochinos»). Mantuvieron, además, una red de contactos con grupos opositores a la Revolución en la isla (Rojas, 97-98).

87 Texto *verbatim* del «Primer comunicado del 17 de abril 1961» de Fidel Castro (Castro, «Primer»).

Royi camina detrás de mí, hablando inquieta.

—Al mío le toca estudio, pero no iré a clases, no tengo cabeza para nada.

—¿Qué te pasa?

—¿Cómo que qué me pasa? ¿Te parece poco lo que está pasando?

Hemos entrado a la cocina y la muchacha permanece de pie junto a mí, mientras revuelvo un caldero de arroz. Le contesto con paciencia.

—Claro que no me parece poco. Ayúdame aquí con el arroz que se va a quemar y después no habrá quien se lo coma.

—¡Arroz!, qué me importa el arroz en este momento.

—En este momento hay que cocinar igual que todos los días porque el campamento tiene que comer.

—La verdad, no sé de qué estás hecha. ¿Qué cosa te conmueve a ti?

A duras penas logro controlarme. Comprendo que la muchacha está alterada y le hablo con toda la serenidad de que soy capaz.

—Mira, Royi, lo mejor que puedes hacer es serenarte y entrar a clases, que a la hora del examen te tomarán en cuenta la asistencia.

—¿Cómo puedo atender a clases pensando en que mi familia está en Las Villas y con el peligro que hay?

—Eloísa, Beba y Rosa María, también tienen a sus familiares en Las Villas, y sin embargo, están en clases.

—Bah, hay gente que no tiene sangre en las venas.

—Tienen todo lo que hace falta tener, porque tienen valor y están conscientes de su deber.

—Tú no puedes entenderme... Yo me voy... pediré ahora mismo el dinero para mi pasaje y me iré... Me iré... Claro que me iré... No resisto aquí en estas circunstancias. ¡Me iré!

—No llores...

—Déjame llorar... déjame sola... ¡déjame sola!

—No llores, vete de la cocina si quieres. ¿No te da vergüenza? Tu comportamiento es el de una niña miedosa. Además, no permitiré que confundas a las demás. Sal de la cocina, vete a llorar donde no te vean.

—No puedes negar lo que eres, Vilma... ¡burguesa!... hasta el sentimiento lo calculas.[88]

---

[88] La acusación de «burguesa» implicaba la falta de apoyo a la transformación revolucionaria (Véase nota 7).

La palabra de Royi se va haciendo más dura. Ya casi no me controlo con esta chiquilla malcriada...

—Soy hija de obrero lo mismo que tú.

—Mentira, mentira, tú no puedes sentir como ninguna de nosotras. Te crees superior, te...

—¿Qué pasa aquí?

La responsable de campamento entra decidida y con cara de disgusto.

—Yo quiero irme para la casa.

—¿Te quieres ir?

—...Sí.

—¿Y para eso tanto llanto?

—Es que...

Las compañeras de la cocina, con las caras sucias de tizne, y los ojos enrojecidos por el humo de la leña, están pendientes de la escena. Interiormente mi mortificación crece por momentos, pero me contengo lo mejor que puedo. Con un largo trozo de madera, pulido a machete por los compañeros, revuelvo pacientemente el arroz en el gigantesco caldero de hierro. El humo y la mortificación me ahogan y me hacen enrojecer.

—Es que nada, —insiste la responsable— aquí para irse no hay que llorar. Con hablar es bastante.

—Es que... mi familia...

—Aquí todos estamos lejos de nuestras familias y todos corremos el mismo peligro. Ahora bien, si tú crees que no puedes soportar una prueba como esta, nadie se va a oponer a que te vayas y eso bien lo sabes, porque se ha dicho mil veces en nuestras reuniones generales.

—Sí, compañera, lo sé.

—Pues no hay más que hablar.

—No, compañera perdóneme, pero hay más que decirle a Royi.

Diana ha hablado desde el suelo, donde pela unas malangas que, con serenidad, va metiendo a un cubo.

—Quiero decirle a ella que mis dos hermanos y mi padre, son miembros del Ejército Rebelde y que en este momento, mientras yo pelo malangas en La Sierra, si ellos están vivos, seguramente se enfrentan al enemigo. Eso es todo lo que quería decirle. Gracias.

Aparentemente tranquila, Diana continúa pelando malangas. Ahora es ella centro de nuestra atención por unos segundos. Unas tras otras nos miramos y luego, en silencio, continuamos nuestra tarea.

La responsable de campamento se vuelve de espaldas y sale. Royi queda como pegada al suelo, mirándose las puntas de las botas sucias.

—¿Qué haces ahí parada? Ve a recoger el dinero para tu pasaje.

No me contesta, pero levanta la cabeza y me mira largo. Se da vuelta y sale corriendo. Voy tras ella... La veo entrar a clases.

....

....

....

Muy temprano en la mañana de hoy, llega visita del Campamento Central. Se reúnen en Intendencia con los responsables de nuestro campamento y más tarde se nos informa que mandarán a varios compañeros de cada campamento, incluyendo el nuestro, a efectuar un recorrido por los alrededores, ya que se tienen noticias de que hay enemigos alzados por La Sierra.[89]

Aquí es donde el corazón golpea como si fuera a estallar. ¡Nuestros compañeros de campamento! Todos los muchachos son llamados a formar. Son escogidos los que deben incorporarse al recorrido. Unos quince o veinte compañeros, quedan con nosotras para ayudarnos en las labores más rudas.

Hay un ir y venir... Mochilas que se preparan... Manos que se estrechan... Sonrisas que se devuelven.

La partida... Nuestros himnos... Manos que se agitan... Rostros que nos miran desde lejos... y de nuevo el trabajo... el deber que se cumple día por día. Ahora somos nosotras, las mujeres, las que hacemos la guardia por las noches, en las madrugadas, las que cargamos troncos para hacer leña y manejamos los picos y las palas. Tenemos que ayudar a los pocos compañeros que han quedado con nosotras y tratamos, esforzándonos[90] al máximo, de que todo lo abrumador del trabajo de estos días sea justamente repartido. El entusiasmo no se pierde, la sonrisa no desaparece.

---

89 Concentrados en las montañas del Escambray, en el centro de la isla, los alzados opositores al proceso de transformación revolucionaria habían pasado desde las primeras semanas de 1959 a la contrarrevolución. Las movilizaciones para combatirlos durante estos años son la «Limpia del Escambray» o «Lucha Contra los Bandidos» (Rojas, 96; Valdés, 13 y n.23 p 29).

90 En el original, «enforzándonos».

Estudiamos, examinamos... las calificaciones generales son buenas. Se intensifican los círculos de estudio... Se intensifican las charlas revolucionarias.

—¡Mira, Vilma!

Una de las compañeras que hace guardia, me señala la puerta de entrada al campamento.

Reímos.

Unas quince compañeras entran con un enorme tronco sobre los hombros, cantando el himno de los Maestros Voluntarios.

—Voy a ayudarlas...

—¿Vas a abandonar la guardia?

—Es verdad, se me olvidaba.

—Mirando esto, qué cosa no se olvida.

—Todo.

—Menos mal que hoy ha hecho buen día.

—Sí... afortunadamente.

—¿Por dónde andarán los muchachos?

—Quién sabe...

—Dicen que ya capturaron a unos cuantos alzados.

—Es noticia oficial.

—Entre ellos un cura, ¿eh, Vilma?

—Sí.

—¿Tú no eres católica?

—Hace mucho tiempo que dejé de serlo.[91]

—Yo creo en Dios y los santos... ¿tú no?

—¿Yo?... Por primera vez en mi vida creo en algo realmente.

—¿En qué?

---

91 Según una encuesta de 1960, el 72% de los cubanos practicaban el catolicismo (Guerra 145). La pugna entre «revolución» y «catolicismo» giraba en torno al comunismo. Muchos católicos se identificaron con los objetivos humanitarios de las reformas principales. A medida que el gobierno se consolidaba, crecía la resistencia organizada de algunos del clero y varios grupos religiosos (Movimiento Demócrata Cristiano, La Juventud Obrera Católica) y la iglesia organizó, con el gobierno estadounidense, la Operación Peter Pan, en la que más de 14.000 niños fueron llevados de Cuba entre 1960 y 1962 (*EcuRed*). Nunca se prohibió la práctica religiosa en sí; no obstante, la Seguridad del Estado consideraba que había que vigilar y detener a ciertos clérigos y grupos por ser «puntos de partida» de la contrarrevolución (Pérez Cruz n48, 155, 189). Fidel Castro resolvió la confusión lógico-moral al declarar el 19 diciembre de 1960: «Nosotros sí creemos que ser anticomunista es ser contrarrevolucionario (Aplausos prolongados), como es contrarrevolucionario ser anticatólico, ser antiprotestante y ser anti cualquier cosa que tienda a dividir a los cubanos, sencillamente (Aplausos). Todo lo que tienda a dividir al pueblo para hacerle juego al imperialismo, es contrarrevolucionario» (Castro, *Discursos*; Guerra 147).

—Creo en el ser humano.

Callamos, pero nos miramos con cariño.

—Marcha bien la auto-disciplina en nuestro campamento, ¿verdad?

—Sí, ha sido una medida muy inteligente de nuestros responsables, ¿tú sabes lo que es lograr que cada uno haga lo que le corresponda, bien hecho y sin que nadie se lo ordene?

—Se nos ha creado conciencia, eso es todo. Frente a nosotros mismos nos sentimos en el deber de cumplir nuestras tareas lo mejor que podemos.

—Pero no me niegues que es una labor difícil.

—Hasta cierto punto, no es difícil, tú misma lo has visto. ¿En cuánto tiempo se ha logrado esto?

—En dos meses que llevamos aquí.

—¿Te parece mucho tiempo ese?

—Tienes razón, no es mucho tiempo.

—Hemos cambiado mucho.

—Hemos mejorado, diría yo.

—Somos más útiles a nosotros mismos y a nuestra sociedad, ahora, que el día que llegamos aquí.

—Es cierto.

—Bueno, tengo que irme, hay mucho por hacer allá abajo.

—Hasta luego.

—Hasta luego.

Dejo caer mis huesos adoloridos en un rincón de la barraca. Las compañeras que se mueven y hacen chistes a mi alrededor tienen los rostros demacrados y lucen bastante pálidas. Apenas hemos comido hoy, quizás la preocupación por nuestros compañeros y la inquietud por nuestros familiares, cosas estas que no nos atrevemos a confesar mutuamente por no debilitar los ánimos. Nos mantenemos en una tensión, que se hace cada vez más dura de sobrellevar, quitándonos en algunos momentos el apetito y el sueño.

—¡A formar!

—¿Qué será?

—Están colocando el radio en el árbol, seguramente serán noticias importantes. ¡Corre!

—Por favor, Vilma, ayúdame a levantarme.

—Qué te pasa?

—Es la rodilla, me duele terriblemente.
—Pero, ¿por qué has salido de enfermería?, ¿por qué? Ven, te llevaré ahora mismo.
—No, te lo ruego, no me lleves a enfermería, ya me siento mejor, palabra. No soporto la hamaca oyendo que los demás trabajan aquí afuera todo el día.

Quiero parecer disgustada, pero no puedo frente a esta muchacha, que casi una niña, me habla en un ruego.

—Bien, toma tú la linterna, apóyate en mí, apúrate.

Entre paso y paso, llegamos a la Plaza Cívica cuando ya todo el campamento ha formado en completa autodisciplina.

La voz de nuestro líder se oye aunque bastante mal, porque el radio distorsiona:

—«...Playa Girón, que fue el último punto de los mercenarios, cayó a las 5 y 30 de la tarde.

La Revolución ha salido victoriosa, aunque pagando un saldo elevado de vidas valiosas de combatientes revolucionarios que se enfrentaron a los invasores y los atacaron incesantemente sin un solo minuto de tregua, destruyendo así en menos de 72 horas el ejército que organizó durante muchos meses el gobierno imperialista de los Estados Unidos.

El enemigo ha sufrido una aplastante derrota. Una parte de los mercenarios trató de reembarcarse al extranjero en diversas embarcaciones que fueron hundidas por la Fuerza Aérea Rebelde.

El resto de las fuerzas mercenarias, después de sufrir numerosas bajas de muertos y heridos, se dispersó completamente en una región pantanosa donde ninguno tiene escapatoria posible.

Fue ocupada una gran cantidad de armas de fabricación norteamericana, entre ellas, varios tanques pesados Sherman. Todavía no se ha hecho el recuento completo del material bélico ocupado. En las próximas horas el Gobierno Revolucionario brindará al pueblo una información completa de todos los acontecimientos...»[92]

De alegría puede llorar el ser humano. Y se puede sentir la alegría, mezclada a la inquietud y a la desesperación más intensas.

Saboreamos la victoria entre lágrimas, con miradas que no se atreven a interrogar, con la inquietud por los padres y hermanos de algunas compañeras, que sabemos que están destacados en Las Mi-

---

92   Fidel Castro, «Comunicado Número 4» el 19 de abril de 1961 (*EcuRed*).

licias o en el Ejército rebelde, con el vivo, horrible temor por nuestros compañeros que han ido al encuentro de los mercenarios. Pero así, con la sangre golpeando fuerte, hasta hacernos respirar honda y entrecortadamente, celebramos dignamente nuestra victoria.

El eco de las montañas nos subraya el grito de ¡VIVA CUBA SOCIALISTA!

Y es que en Cuba, hasta los montes nos apoyan hoy en nuestra lucha por la paz y la libertad definitiva.

¡Ahora nuestro himno!... levantándose más allá de las montañas, nuestro himno del 26 de Julio... y son las manos apretadas fuertemente, y las miradas largas de unos ojos a otros... y las sonrisas... y el grito de ¡VIVA CUBA SOCIALISTA!, nuevamente abriéndose, ¡hasta tocar el pecho de los montes!

Cuarta parte

Los días nos han traído un poco más de tranquilidad. Hemos recibido noticias de nuestros familiares y han regresado todos nuestros compañeros, ilesos, aunque en los huesos de sus rostros, ahora más visibles, la palidez es casi angustiosa. Sólo uno de ellos trae la marca de una bala que le rozó la frente. Escuchamos con atención sus relatos. Días de búsqueda por los montes, con las mochilas castigando las espaldas y el hambre y la sed quemando estómago y garganta.

Ninguno de ellos hace alarde de sacrificio. Hasta en el momento en que hablan de los mercenarios que hicieron prisioneros, lo hacen con sencillez, restándole importancia al valor del esfuerzo realizado.

Los responsables del campamento les conceden varios días de descanso, pero apenas han transcurrido dos días y ya hablan animadamente, como si no sintieran el peso del cansancio, del próximo viaje a El Turquino, máxima prueba de nuestro entrenamiento.[93]

En sus charlas, los responsables nos preparan moralmente para que seamos capaces de resistir la dura prueba física que nos espera.

En los últimos días solo se habla de los preparativos para el ascenso a El Turquino. Se arreglan las mochilas, se reparten cantimploras y esperamos con ansiedad el momento en que la orden de partida sea dada.

Una sola preocupación hay en mí, un solo temor al que quiero negarle toda importancia real y que, sin embargo, bajo la fuerza de la necesidad, comento con Miriam.

—Miriam...

---

[93] Los integrantes del Ejército Rebelde subieron al pico en 1957 y, después de que Fidel Castro, la héroe guerrillera Celia Sánchez y otros subieron con una brigada de estudiantes el 1 de enero de 1960, la subida se convirtió en un rito que demostrara valentía y fortaleza revolucionaria (*EcuRed*; Guerra 139).

—¿Qué pasa?
—Te necesito un momento... ¿Puedes venir conmigo?
—Sí, voy en seguida.
—Pero, Vilma, si andas cojeando, ¿por qué no vas a enfermería?
—Es de eso que quiero hablarte, ven.

Nos acercamos paso a paso hasta la barraca. Registro en mi mochila y saco un pequeño frasquito lleno de linimento.[94]

—Mira, toma esto, ayúdame aquí, quiero que me des una fricción, porque ya apenas puedo soportar el dolor y no quiero que los demás se den cuenta.
—Estás loca... ahora mismo iré a...
—Ven acá, si dices algo, no me permitirán subir El Turquino. Lo sabes mejor que yo.
—Bueno, ¿y qué?, como quiera que sea no llegarás ni a mitad del camino con esa pierna así.
—Sí podré, no voy a dejar a mi pelotón ahora, pase lo que pase. Además la caída que me di no fue tan grande como para inutilizarme.
—Es cierto, no fue grande, pero tienes la rodilla muy mal.
—Yo sé que podré resistir.
—Tú no sabes nada, no venas con heroísmo... se lo diré a Luis.
—Por favor, Miriam...

Miriam vacila un poco, me mira y encogiéndose de hombros, se acerca.
—Está bien, dame acá.

Le entrego el frasco con mi mejor sonrisa de agradecimiento, subo la pierna del pantalón y mordiendo con fuerza los labios, me someto a la tortura que me trae cada roce de las manos de Miriam.

—Bien... ya está, es todo lo que sé hacer. ¿Tienes rodillera?
—Sí, aquí está, me la prestó Nicolás.
—Dame, te la pondré ahora mismo.
—¡Ay!, con cuidado.
—Esto es una cura de caballo, mejor será que...
—Mejor será que no cuentes una palabra de esto a nadie, ¿eh?
—Sé que hago mal, pero te guardaré el secreto hasta donde crea prudente.
—Gracias.
—Bueno, hasta luego. Voy a acabar de preparar mi mochila.

---

94 *Linimento*: Medicamento en forma de líquido viscoso o pomada que se aplica exteriormente en fricciones como analgésico.

—Oye, no olvides el nylon, por lo que se ve tendremos que hacer el ascenso con lluvia.
—Si llueve, será mortal el camino. En fin... ¡Patria o Muerte!
—¡Venceremos!

Miriam se aleja corriendo... La observo hasta que se pierde entre las demás compañeras... Todos corren de un lado a otro. Ahora me doy cuenta que suben y bajan a grandes saltos los escalones de tierra... Hablan mientras trabajan, poniendo las voces por encima de los mil ruidos y algo se aprieta dentro de mi... Reconozco una sensación que crece en mi interior... Tengo miedo... Tengo miedo de fallar ahora, precisamente cuando cada uno de nosotros es más necesario.

La pierna derecha, sin flexión y con un latido doloroso en la rodilla, me hace sentir débil, casi incapaz, pero no puedo detenerme mucho tiempo en este pensamiento y trato de sobreponerme a él.

Pienso en mi pelotón... La confianza de mis compañeras... ¿cómo quedarme?... ¿cómo doblegarme a un dolor físico en este momento?... eso no puede ser... ¡no será!

Ahora, más que en ningún otro momento, pienso en mi hija, en mi responsabilidad ante ella...

—¡A formar!

A formar... Ya no caben dudas... hablarán del viaje... será esta tarde... o mañana... ¡Tengo que lograrlo!

Mi pelotón y el resto del campamento forman en completa autodisciplina. Para mantener nuestra organización, ya no hacen falta la vigilancia ni las charlas de un principio. Nos sentimos orgullosos de nuestra unidad y seguros de la meta hasta aquí ganada. Luis llega al «escenario» acompañado por la responsable del campamento, que se adelanta algunos pasos con las manos en los bolsillos del jacket verdeolivo, y el rostro simpático, pero de firme expresión.

Más que entender, adivinamos sus palabras a través de su voz afónica. Lleva unos quince días de fiebre como consecuencia de un ataque de bronquitis que la hace toser incansablemente, pero ha salido de Intendencia y nos habla lo más claramente que puede mientras tiembla de frío bajo la lluvia fina que cae incesantemente.

—Compañeritas, tenemos una noticia muy importante para todos ustedes. Nuestra prueba máxima, el viaje a El Turquino, será esta misma tarde. Saldrán ustedes con Luis, ya que yo, en el estado en que me encuentro, sería más que una ayuda, una carga para todos.

No obstante, quiero subrayarles algunos puntos de los que ya hemos hablado con anterioridad y que no está demás tratar de nuevo.

Recuerden, el camino es largo, muy largo. La pendiente es difícil de escalar. No quieran apresurarse demasiado. Lo importante es llegar. En los trechos más pendientes encontrarán raíces de las cuales pueden sujetarse para subir con más seguridad. Al hacerlo, deben fijarse primero si la raíz está firme, tan firme que sea capaz de resistir el peso del cuerpo. ¿Está claro?

—Síií...

—Al regreso de ustedes, no quiero tener noticias de que alguno se haya accidentado por falta de prudencia.

Cada uno de ustedes es responsable ante la Revolución. Del compañerismo que deben observar en todo momento, creo que es obvio hablarles. El ascenso a El Turquino, será nuestra meta inmediata y hay que cumplirla a cabalidad porque nuestra Revolución Socialista necesita de todos nosotros. Porque de todos nosotros, de nuestra resistencia y de nuestra moral, depende el futuro de nuestro país.

Cuídense y tengan buen viaje... ¡Patria o Muerte!

—¡Venceremos!

....
....
....

Tal como pensábamos, salimos del campamento con lluvia. Una lluvia fina, casi imperceptible, que humedece en silencio la tierra y hace resbalar nuestros pies a cada paso. El gris se ha pegado al paisaje. En nuestras mochilas, el peso de la hamaca, colcha, nylon y latas de leche condensada y carne rusa que nos han entregado al partir. Hemos avanzado poco trecho y ya nuestras ropas van pegadas al cuerpo. Antes de salir, me he hecho inyectar un calmante por uno de los enfermeros del campamento, cosa de poder resistir el dolor.

El aire fresco de la tarde pega con fuerza en los rostros que comienzan a enrojecer por el esfuerzo.

Caminamos en fila india... en silencio. Ahorrar palabras es ahorrar energías, ya lo hemos aprendido en nuestro entrenamiento. No falta el gesto de ayuda en el momento preciso, la palabra de alerta que va de boca en boca cuando se acerca un peligro...

—«Aquí está muy resbaloso, avisen a los de atrás».

—«¡Eh! Los de atrás, que tengan cuidado al pasar por aquí, este tramo es difícil».

Tampoco falta la belleza en el paisaje que gira en torno nuestro. Un paisaje que se levanta o se hunde ante nuestros ojos, lleno de una belleza recia y plena.

Pequeños manantiales que marcan su paso por las rocas, enormes malangas silvestres, arecas[95], helechos, mantos, árboles cuyos rectos troncos se empinan queriendo alcanzar a las montañas. Toda la gama de verdes en las hojas... toda la gama de grises en las piedras.

De vez en cuando, una florecilla tímida que es aplastada por alguna bota.

Dos o tres veces ya, en lo que llevamos de camino, me he quedado un poco atrás, sin perder la vista a mi pelotón, por mirar alguna planta desconocida. Los bolsillos de mi pantalón se van llenando de hojas que arranco al pasar, atraída por el hermoso colorido o por la forma, extraña para mí.

Todo el tiempo vamos en ascenso, pero el cansancio llega sólo cuando ya la noche empieza a amenazar los caminos.

Traemos botellas llenas de petróleo con mechas de papel dentro y la orden de encenderlas únicamente cuando ya nos sea completamente necesario. El camino parece alargarse más y más. Cada responsable debe ir a la retaguardia de su respectivo pelotón.

Casi al empezar, dos de las mejores muchachas de mi pelotón, han debido quedarse, porque sus condiciones físicas les han hecho imposible la marcha.

Ya la oscuridad es completa. Poco a poco van encendiéndose los «mecheros».[96] Formamos una larga hilera de luces rojizas en la noche. El cansancio duele hasta en los huesos cuando nos dan el alto.

La voz de Luis suena descansada a pesar del tramo que hemos recorrido...

—Acamparemos aquí dos horas, compañeros.

—¿Qué lugar es este?

---

95 *Areca*: Tipo de palma (RAE).
96 *Mecheros*: antorchas hechas de botellas de vidrio o de latas con un líquido combustible adentro. Se inserta una tela que se enciende y quema, arrojando luz al sendero (N de E).

—El Jigüe.[97]

—Hemos atravesado un río bastante ancho y se preparan las hamacas lo mejor que se puede en los árboles de la orilla.

En pocos minutos, todos duermen.

Algunos de los compañeros hacen guardia con el fusil al hombro, disimulando el agotamiento con una frase chistosa.

Luis, uno de los enfermeros y varias compañeras más, permanecemos despiertos, preocupados por una muchacha que se ha herido en una mano al caer sobre una de las botellas con que nos alumbrábamos en el camino.

Me acerco a Luis...

—Sangra bastante.

—¿Qué se puede hacer?

—Hemos hecho y estamos haciendo lo que se puede. Según amanezca la mandaré de regreso con dos o tres compañeros que la llevarán hasta el Hospital de Minas del Frío.

El rostro de Luis aparenta serenidad, pero sus manos, que van y vienen acariciando la barba, delatan su inquietud.

—Ve a acostarte, Vilma.

—Es que yo... quisiera ayudar en algo...

—Ve a dormir, si te necesitamos, te llamaré...

—Está bien, pero... ¿no podría quedarme un poco más?...

—¡A dormir, testaruda!

—Bien, hasta mañana.

Medio sonriendo, medio disgustada, me acerco a la mochila, saco el nylon, lo tiendo sobre el fango y me acuesto, cubriéndome el cuerpo empapado con la colcha.

Desde aquí, puedo ver el más mínimo movimiento del grupo que queda con Victoria.

El enfermero le aplica vendas que luego retira empapadas de sangre, y que va amontonando junto al gran farol que Luis trajo consigo.

Victoria contrae violentamente el rostro, pero no se queja. Su mirada va de la herida al rostro del enfermero y a los ojos preocupados de Luis, pero ninguno de ellos dice nada. El silencio del grupo me llega con fuerza y mi preocupación crece. Ya está bien crecido el

---

97 *El Jigüe*: Río en la Sierra Maestra y también paraje donde el río se junta con el río La Plata; sirve de nombre de una batalla de la guerrilla rebelde en la zona (Véase nota 98). El nombre es derivado de «güije», figura mítica del folclor de la zona. (N. del E.)

montón de vendas ensangrentadas junto al farol, cuando se da el grito de «Campamento en pie».

Recogemos rápidamente las cosas y nos colocamos las mochilas. Los mecheros son encendidos nuevamente y nos situamos en fila para reanudar la marcha.

Luis da la orden de que se lleven a Victoria.

Van con ella tres compañeros. Entre ellos, una muchacha que se ha ofrecido voluntariamente. Victoria nos sonríe y luego vemos alejarse al grupo con paso rápido.

Inmediatamente Luis pone en orden los últimos detalles. Pelotón por pelotón, nos va pasando lista y al comprobar que no falta nadie, da la orden de partida.

Continuamos el camino, un poco más frescas después del breve descanso. Junto a mí, Roberto, un compañero que ha sido designado para que me acompañe durante el ascenso, me ayuda cada vez que me ve en un apuro.

A las compañeras enfermas, les han sido designados compañeros para que las auxilien en caso de necesidad. Afortunadamente, las accidentadas y las enfermas, formamos un pequeño número.

La tímida claridad del amanecer va desnudando el paisaje, pero ya no me detengo a mirar, sólo allá... muy azules, muy lejanas, las montañas y... El Turquino por encima de todas.

La mano de Roberto cerca de la mía, apoyándome.

Dentro de mí, siento que las fuerzas comienzan a flaquearme. De nuevo... el miedo... el terror de no poder lograr lo que todas debemos lograr.

Me cuelgo del brazo de Roberto. Me dejo arrastrar un buen tramo, pero la pierna se me niega... El dolor me sube hasta el hueso del muslo... Luego hasta la cadera... Me hace saltar lágrimas... Camino sintiendo que no puedo más.

Delante de mí, una compañera Hilda, jadeante, casi sin respiración se vuelve y me mira con los ojos agrandados por una especie de dificultad al respirar.

—Vilma... me... me quedo... aquí mismo...

—¿Qué?, no digas tonterías, vamos un esfuerzo más. Ánimo, que todos vamos a alcanzar la meta.

—Es que... no... no puedo más...

—Roberto, ayuda a Hilda un rato, no se siente bien.

—Pero... ¿y tú?

—Estoy mejor. Anda, ven, ayúdala aquí, dale la mano un rato.

Hilda nos mira a los dos sin una queja más, pero el gesto de su mano al tomar la de Roberto, lo dice todo. De vez en cuando se detiene y se vuelve para encontrarse con mis ojos. Cuando lo hace, le sonrío o le doy una palmadita en la espalda a modo de estímulo.

Hay momentos en que creo que no voy a resistir más. El sudor que cubre todo mi cuerpo, más nacido del dolor que del esfuerzo, es frío y pegajoso. Sin embargo, cuando miro alrededor, saco fuerzas de nuestra necesidad de ayuda mutua.

No sé cómo lo hago, pero ayudo y a la vez, siento la preocupación de los demás por mí y eso me fortalece hasta el punto de ignorar por momentos mi propio dolor. Quizás resida aquí la verdadera grandeza del ser humano, en esta unión que somos capaces de sentir.

Hay una realidad poderosa... la necesidad de cooperación que nos aproxima y nos funde en un solo bloque.

Nosotros le llamamos patriotismo... le llamamos Revolución.

Unos de golpe, otros poco a poco, hemos comprendido que somos iguales, nuestra igualdad no se crea... ¡existe!

No, ni el cansancio, ni la lluvia, ni el dolor, puede detenernos ahora... nada podrá detenernos después.

Miro a Hilda casi desfallecida, con la mochila que no ha querido entregar a nadie.

Sí, Hilda llegará a El Turquino porque no es su fuerza, es la fuerza de una lucha en común lo que hace posible nuestros pasos. Ni será mi voluntad la que me haga subir... Será la voluntad de todos mis compañeros y será mi esfuerzo con el esfuerzo de todos.

—¿Cómo te sientes, Hilda?

—Estoy mejor, ¿y tú?

—Bien, voy a darle una vuelta a las demás.

Camino de un lado a otro, ahora prendida al brazo de otro compañero, siempre arrastrando la pierna derecha y pregunto aquí y allá, para recibir la misma respuesta alentadora...

—Estoy bien, esto no es tan malo como decían... ¡Patria o muerte!

No sé qué nombre darle a nuestro aspecto exterior cuando llegamos a La Plata[98].

---

98 *La Plata*: Nombre de un río que nace en la Sierra, se junta al Jigüe y desemboca al mar en el poblado del mismo nombre, en la provincia de Santiago de Cuba. Allí se estableció

Después de mucho caminar, ha cesado la lluvia, pero el sol nos ha castigado duramente hasta agrietarnos los labios.

Sin embargo, al soltar las mochilas y descansar unos minutos, somos capaces de disfrutar todo lo que es La Plata.

«La Plata»... allá lejos, el sol derramándose rojo sobre el agua y en la orilla una anchura de piedras de todos los tamaños y colores... Piedras pulidas por la paciencia del mar, que al batir de las olas, resbalan y chocan unas contra otras, trayéndonos el sonido de una garganta eterna.

Ya desprendidos de las mochilas, muchos compañeros se descalzan y empiezan a andar sobre las piedras. Me he sentado sobre un tronco a mirar el ir y venir de todos deseando tocar, como ellos, las superficiales húmedas y lisas de las piedras que relucen bajo el sol de la tarde. Pero no me atrevo a caminar sola.

Casi desde la salida, no abandono la mano de algún compañero, ya que la pierna me falla repetidamente...

—¡Eh, Vilma!
—¿Qué?
—Ven a ver esto de cerca.
—Sí... iré luego...

Roberto se acerca corriendo, con los pantalones empapados hasta las rodillas y las manos llenas de piedras chorreantes.

—Mira, mira qué belleza... ¡Esto es Cuba!

Me entrega las piedras y las miro cuidadosamente... De cerca se pueden observar suaves tonalidades de verde, que se difuman[99] en gris o en rosado.

—Mira esta, es toda blanca... Pero ven, vamos hasta ahí... Ven, que yo te ayudo.

Al incorporarme me doy cuenta de que la rodilla duele como si estuviera podrida...

Camino con Roberto sobre las piedras, hasta donde el agua toca nuestros pies. Los dos nos sentamos, observándolo todo con un placer silencioso...

Es Roberto el primero en romper el silencio.

—Un día pasaré aquí una temporadita.

---

una comandancia guerrillera y hubo una cuarta batalla histórica durante la Operación Verano de 1958. La Batalla de La Plata o de El Jigüe, vio la rendición del batallón de asalto de las tropas batistianas ante los guerrilleros rebeldes.

99   Difuminan.

—Yo también lo he pensado. Un día vendré a la Sierra Maestra y a La Plata y posiblemente a El Turquino, pero con calma, para disfrutar plenamente de estas cosas.

—¡A formar!

—¿Tan pronto? Ayúdame a levantarme, voy a reunir a mi pelotón.

Los primeros pasos siempre son los más difíciles para mí, los más dolorosos. Cuando llego al lugar adonde han llamado a formar, a unos pocos metros de la playa, las compañeras de mi pelotón se han colocado la mochila y aguardan en fila. Mi mochila es ahora más pesada... Al levantarla del suelo, es como si hubiese crecido.

Empezamos a andar, pero el grupo de compañeras que va quedando a la retaguardia, es mucho más numeroso... Algunas, apenas pueden andar... se les han roto las botas y los pies les sangran. Las miro, casi arrastrándose y siento el deseo de ayudarlas hasta donde no me es posible.

....
....
....

Desde que salimos de La Plata, las horas han ido rodando montaña abajo. Los paisajes han desfilado todos distintos por nuestros ojos, pero la fatiga de una marcha que no se detiene, nos hace incapaces de disfrutar largamente de cuanto nos rodea.

Hay momentos en que me detengo a pesar de mí misma. Como ahora... Es lo ancho de un río lleno de grandes piedras y la fresca transparencia del agua que nos llega a la cintura al cruzarlo. Es la última claridad, rompiéndose en la superficie mansa.

Como observo todo llena de entusiasmo, caigo por tres veces en el agua antes de llegar a la orilla y el compañero que me lleva de la mano, ríe conmigo.

En tierra ya, veo que las compañeras de mi pelotón se me han adelantado y ríen de ver mi facha.

La mochila, ahora empapada, pesa el doble y tira de mis hombros con fuerza.

Luis nos advierte que cruzaremos este mismo río veintitrés veces. Al principio pensamos que es una broma... a medida que avanzamos, vemos que es verdad.

Ya no sabemos dar nombre a nuestro cansancio, cuando se nos

anuncia que acamparemos en El Colmenar y que allí pasaremos los días que demoren nuestros tres ascensos a El Turquino.

Vamos llegando a El Colmenar en fila india... En la retaguardia, con un grupo de compañeras semi-destruidas por el agotamiento y cuatro o cinco compañeros que cuidan de nosotras constantemente, entramos al lugar donde se supone que podamos descansar.

Al sacarnos las mochilas, muchas de nosotras descubrimos que se nos han formado pequeñas llagas en los hombros. Hacemos las hamacas en los árboles que encontramos y nos tiramos desesperadamente en ellas.

Sentada en la hamaca, trato de descubrir las cosas que me rodean, pero ya la oscuridad me lo impide por completo. Saco las botas y me acuesto nuevamente.

En un rincón, uno de nuestros enfermeros ha levantado con varios nylons una casita de campaña y trabaja incesantemente, curando los pies llagados de algunos, dando fricciones en las piernas, inyectando, preparando medicinas para el estómago... Lo observo largo rato hasta que queda solo... Entonces me pongo de pie con gran dificultad y me acerco agarrándome de las cosas que encuentro a mi paso. Le pido un calmante para el dolor y cuando trata de observar la rodilla, la inflamación es tal, que se me hace imposible subir la pierna del pantalón.

—¿Duele mucho?

—Bastante.

—¿Crees que podrás resistir la caminata?

—Eso espero.

—Debes reposar un poco con la pierna en alto. Saldremos antes del amanecer.

—¿Cómo?

Aquí es donde siento que algo se me derrumba dentro. ¡Antes del amanecer!... Es casi imposible para mí la idea. No hago comentarios.

—Entonces, será mejor que me inyectes...

—Sí creo que será mejor...

Sus manos se mueven con agilidad de un lado a otro.

—Oye, pareces un enfermero de verdad.

—Es que ya casi lo soy y hasta me lo voy creyendo.

Me inyecta y nos despedimos con un «hasta mañana».

Él comprende lo difícil de mi situación... yo palpo la verdad en mí misma.

Me acuesto nuevamente... Esta vez, ya no contengo las lágrimas... Poco a poco me voy sintiendo mejor... Algo de alivio, a la vez que una pesadez como de muerte, se apodera del cuerpo.

....
                 ....
                                  ....

—¡Campamento en pie!

Se encienden los mecheros... Hacemos fila y nos entregan una lata de salchichas a cada una antes de salir. Sólo quedan en el campamento dos compañeras que han sido designadas para la cocina, con la idea de asegurar algún alimento para nuestro regreso. Tomamos un chocolate caliente y emprendemos el ascenso inmediatamente, ya que, según nos informa Luis, nuestro campamento queda en lo que es la base de El Turquino.

La luz de los mecheros oscila y nos muestra la superficie fangosa del terreno.

Vuelve la lluvia... Fina y silenciosa haciendo crecer el fango... Vuelven nuestras botas a resbalar al borde mismo de los precipicios... y nuestras manos una vez más, se aferran con fuerza a otras manos, que ya sabemos amigas.

Todo el camino vuelve a ser ascenso... A lo lejos se ven luces que suben las montañas... Son las compañeras que van a la vanguardia... Las que rompen el fango con más fuerza... Nuestro caminar es más lento, más dificultoso... Como si a cada paso, nos pegáramos un poco al fango.

Ahora no siento tanto dolor, pero es una especie de derrumbe físico lo que me atormenta... El sudor que cubre mi cuerpo, es frío y abundante... No sé si es la luz o son mis ojos lo que se empaña cada vez más.

Me apoyo al tronco de una palma... Tengo la seguridad de que voy a caer y mis uñas se aferran a la madera húmeda...

—¿Qué te pasa, Vilma?

—Me siento muy débil.

—Es el calmante que te inyecté anoche. Toma, bebe esto.

Bebo lo que me entrega... es un líquido oscuro que huele mal, pero la sed me lo hace sentir agradable.

—Gracias... ¿qué cosa es?
—Bah, no te ocupes, descansa un rato, pero así sin sentarte, para que no se te «enfríen» las piernas.
Apoyo mi espalda al tronco y cierro los ojos unos segundos.
—Vilma.
—Dígame, Luis.
—Regresa al campamento.
La voz de Luis se oye decidida esta vez, pero aprieto los labios sin contestar, buscando fuerzas para decir algo.
—Regresa... Llévala tú, Roberto, esta muchacha no podrá subir en este estado.
—Lo siento mucho, Luis, pero yo no regreso.
—Es una orden, compañerita.
—Le ruego que rectifique y que me permita probar. Si veo que no resisto, me quedaré en la primera casa de campesinos que encontremos, le doy mi palabra.
Luis vacila y refunfuña algo en voz baja.
—Está bien, vamos, ¡en marcha! Cuídala tú, Roberto.
—Creí que no podrías convencerlo.
—Yo también temí que me hiciera regresar realmente.
—Tú subirás, Vilma. Ya verás que sí.
Roberto aprieta mi mano con fuerza y echamos a andar los dos.

....
  ....
      ....

Amanece.
Esta vez me deslumbra lo que la claridad va mostrando. Pero no son los árboles, ni el cielo, ni la altura lo que me estremece.
Son los rostros de mis compañeros, sus manos, el cansancio de sus cuerpos... Y sobre estas cosas... La firme decisión de sus miradas, de sus gestos, de sus palabras.
En pleno ascenso cuando ya la presión atmosférica es distinta, algunos empiezan a respirar fatigosamente, hay compañeras cuyas manos y rostros se inflaman.
Un compañero del campamento Central, ayudado por dos más, se detiene con el pecho hundido bajo una crisis asmática. La boca

abierta, jadeante, en busca de un aire que la respiración alterada no permite llegar a sus pulmones. Me acerco. Ve en mi actitud el deseo de ayudarlo y me hace comprender con un solo gesto de la mano, que nada se puede hacer para aliviarlo. Lo veo tambalearse hasta caer sentado sobre una piedra, sus manos abren con desesperación la camisa y se pasean por el pecho con ansiedad. Bebe angustiosamente unos sorbos de agua de su cantimplora. Torpemente le hablo tratando de darle ánimo y continúo el ascenso, siempre de la mano de Roberto. Unos pasos más adelante, respiro el aire puro cargado de oxígeno de las montañas... Al hacerlo, recuerdo el rostro desesperado que acabo de ver y me abochorno[100] un poco.

Seguimos el ascenso... sigue la lluvia... algunas compañeras no pueden resistir y regresan.

Las que van quedando a retaguardia, parecen a punto de desplomarse. Luis, los compañeros que hacen las veces de enfermeros y varios voluntarios más, van y vienen sin descanso.

Luis ya se conoce el camino, él es Maestro Voluntario del Segundo Contingente[101], uno de los dos grupos que nos procedió a nosotros en este tipo de entrenamiento.

—Vamos, adelante, compañeritas, ya falta poco.

Quisiera haber contado las horas que hace que Luis nos viene diciendo «falta poco». Admiro su fortaleza física y moral y su gran sentido del compañerismo.

Por el camino vamos encontrando compañeros que vienen de regreso.

—¡Vencimos El Turquino!

Bajan corriendo las pendientes... Sin miedo ya, con los rostros encendidos y los ojos brillantes.

—¡Arriba, Vilma!, ya estás llegando.

—¡Arriba esa Vilma!

Sus voces me alientan. Hacen crecer mis fuerzas, mi decisión.

Llegaré a la cima, claro que llegaré... Yo también venceré El Turquino.

Me enfrento a lo que en este momento me parece el tramo más difícil de la caminata...

---

100 *Abochornarse*: Avergonzarse; (Cuba) apenarse (*DEC* 3).
101 Entre los tres contingentes «Frank País», se entrenaron 3500 Maestros Voluntarios: 1400 graduados el 29 de agosto de 1960, 1100 el 23 de enero de 1961 y 1000 en junio de 1961 (MINED). Olema participó en el último.

Un compañero me tiende la mano desde una roca gigantesca y lisa, también una cuerda gruesa llega a mí desde lo alto...

¿Tendré que subir por aquí? Pero... ¿Cómo?... No pienso mucho... Sólo voy haciendo lo que las voces me indican desde arriba... con la fe inquebrantable en cada uno de los que me acompaña.

—Agarra la soga, ¡con fuerza!

—Pon el pie izquierdo aquí, así... Ahora la pierna derecha. ¡Ajá!, dame la mano... ¡Arriba!... Ya está.

Detrás de mí, las demás compañeras hacen lo mismo, unas con más decisión que otras, todas suben y continuamos la ascensión.

Debí lastimarme la pierna al subir la roca, pero no sé en qué momento ni cómo... Empieza a doler con fuerza cuando llegamos a un tramo donde nos vemos obligadas a subir aferrándonos a las raíces y a los gajos que vamos encontrando en la pendiente, casi vertical ya.

Las nubes pasan delante de nuestros ojos... Todo un horizonte de raíces y gajos[102] de árboles extraños... desolados... algunos troncos carcomidos por la humedad y el tiempo, en los que trepan las plantas parásitas... Aquí el paisaje es casi torturante en su impresión desoladora... pero mirando por donde las nubes nos permiten... allá abajo... todo lo verde de Cuba... y lo azul de nuestro mar... y lo rubio de nuestras costas.

Algunas compañeras deben sentarse por la fatiga, los enfermeros corren inmediatamente, las ayudan, les dan algo de beber, las estimulan.

Y ellos... ¿de dónde sacan las fuerzas?

Empecé admirando al muchacho asmático de El Central y ya no sé a cuál de mis compañeros admirar más... Es que lo grande está en ese afán colectivo de servirnos, de ayudarnos, por encima de cualquier necesidad individual.

Luis viene a retaguardia cuidando a cada una de las enfermas... no parece cansarse... Toda su juventud le asoma a los ojos y a la sonrisa.

—¡Adelante!, un paso más, compañeritas y habremos vencido El Turquino.

—¡Adelante, compañeritas! Con ánimo, adelante.

Mis manos se prenden a las raíces húmedas, se aferran a la tierra, a los troncos, a las piedras más firmes... Ya mi inquietud no tiene lí-

---

102 *Gajo*: Tallo o cogollo que se separa de una planta para injertarlo en otra o para introducirlo en la tierra para reproducir la planta (RAE).

mites, el dolor se mezcla a la inquietud... Lágrimas, sudor y fango en el rostro... Por encima de todo, debo ayudar a algunas compañeras que vienen de peores condiciones... y logro hacerlo... me siento desfallecer y sigo andando consciente de la fuerza que me impulsa... Al fin, una gran claridad arriba, a pocos metros... Y un aire distinto a medida que subimos... Un tronco grande tendido en la tierra.

—... ¡Vencimos El Turquino!

Todos gritan la frase... yo no me atrevo...

Firmamos un cuaderno al llegar a la planicie que hay en la cima, después se abren las latas de salchichas que nos entregaron al salir... No siento apetito y le entrego mi ración a un compañero... Bebo unos sorbos de agua de mi cantimplora y descanso unos segundos.

—Vilma, ¿ya viste el busto de Martí[103]?

—No, no lo he visto.

—Ven a verlo, corre.

—Sí... iré más tarde...

Lo digo y sin embargo, sé que no iré a ver el busto de Martí. No lo haré hasta que haya subido por tercera vez... sólo entonces me sentiré merecedora de ello.

Apenas llevamos unos minutos en la cima y ya nos ordenan emprender el regreso.

Soy incapaz de una queja... incapaz de confesar plenamente mi dolor frente a tantos rostros torturados por dolores superiores al mío.

Para la mayoría, el descenso es más fácil. El muchacho asmático pasa junto a mí y deja ver su sonrisa ancha a modo de saludo.

Nos sentimos contentos... Hay en nosotros un poco de ese sano orgullo del que confía en sí mismo y en sus semejantes.

Al bajar, vemos que el fango ha crecido. Se nos hunden las piernas hasta las rodillas... Pese a esto, muchos compañeros y compañeras bajan corriendo, sin demostrar temor a la proximidad de los precipicios.

Las muchachas de mi pelotón han escalado El Turquino sin grandes contratiempos. Sólo las dos que regresaron desde un principio, faltan en el grupo.

---

103 José Martí (1853-1895), «Apóstol de la independencia», héroe nacional de Cuba, cuya obra figura entre la más importante de Hispanoamérica del siglo XIX (*EcuRed*). Celia Sanchez y su padre colocaron en el Pico Turquino el busto de Martí para conmemorar el centenario de su nacimiento (1953). El valor simbólico de la subida de los maestros demostraba no sólo valentía guerrillera sino también el espíritu pedagógico fundamental a la obra de Martí, cuyo axioma «Un pueblo instruido será siempre fuerte y libre» se cita en la autodefensa de Fidel Castro *La historia me absolverá* (Véase nota 71).

Estamos de regreso en el campamento al anochecer.

Las que llegaron antes, han comido y duermen o cambian impresiones acostadas ya, mientras se balancean... A la luz de los mecheros, las sombras de las hamacas parecen crecer fantásticamente.

Entro detrás de la última compañera de mi pelotón y camino directamente hasta mi lugar de descanso.

Me descalzo y me acuesto...

Oigo a Luis, que viene visitando una por una a todas las compañeras, preguntando si han comido y destacando la importancia que tiene el alimento, en estos momentos de prueba física.

Cuando llega a mí, le prometo tratar de comer algo y en realidad me dirijo al lugar que tenemos por cocina, para pedir un poco de café. Inmediatamente regreso a acostarme.

Uno a uno, se van apagando los mecheros... Sólo el del enfermero queda encendido por largo rato, hasta que al fin también se apaga y todo regresa a la oscuridad.

....

....

....

Ignoro qué tiempo llevamos durmiendo, cuando nos sorprende la lluvia. Nuestros nylons son levantados por el aire y el agua empapa nuestros cuerpos en los que tiembla el frío.

Pese a la inclemencia del tiempo, no nos movemos de nuestras hamacas, sabemos que será peor si lo hacemos. Nos cubrimos con los nylons y permanecemos inmóviles, sintiéndonos balanceados por el viento.

Al cabo, la lluvia cesa... Pero queda la humedad pegada a la atmósfera, a la tierra, a nosotros...

Decidimos dormir a pesar de todo. Exprimimos las colchas, nos cubrimos nuevamente con ellas y nos acomodamos bajo la frialdad de los nylons, como si nada hubiese ocurrido.

....

....

....

Hoy no nos gritan ¡Campamento en Pie![104]

...Es el sol el que viene a alegrarnos el despertar... y el trinar de los pájaros y la brisa suave... y el zumbido de las abejas.

Mi primera impresión, después de ver el sol, es la visita de tres abejas enormes zumbando bajo el nylon transparente... Después, mirando alrededor, los frescos rostros de mis compañeras... la hierba verde, fina, abundante... y los cafetos.

El lugar donde hemos acampado es un cafetal... Una gran planicie sembrada de café y rodeada de altas montañas... Nuestras hamacas cuelgan de los cafetos más altos y fuertes... Las hojas brillan al sol. Las abejas vuelan por todas partes, metiéndose entre las ropas, en las mochilas y en cuantas latas de dulce nos arriesgamos a abrir.

Ni siquiera nos atrevemos a espantarlas por temor a una picadura y ellas permanecen dueñas absolutas de la situación.

Muchas compañeras se han bañado en el río próximo y muestran sus caritas descansadas y risueñas... Algunas cantan mientras tienden las ropas recién lavadas sobre los arbustos más cercanos, otras comentan animadamente los incidentes del viaje.

Me levanto, me calzo, y con tres compañeras más, me dirijo al río con el bulto de ropa limpia y la toalla bajo el brazo.

Me apoyo en las dos al caminar, pero las veo tan cansadas que me apeno y decido andar sola, como sea.

—Nosotras pertenecemos al grupo de las «destruidas», ¿eh, Vilma?

—Menos mal que hoy tenemos el día para reponernos.

—Si, creo que es lo mejor, porque no resistiríamos el segundo viaje seguido del primero. Sería demasiado.

Llegamos al río.

Bajamos hasta una poceta enorme, en cuyo fondo, que se distingue claramente, puede verse una gran cantidad de piedras pulidas por el agua.

Como la profundidad es suficiente, nadamos un buen rato y luego de lavar las ropas, secar el cuerpo y vestirnos, nos tendemos sobre las gigantescas rocas de la orilla, a disfrutar el sol.

Quedamos en silencio, oyendo el cercano saltar del agua entre las piedras, el canto de los pájaros y las voces lejanas de los compañeros.

---

104 El uso más común es «de pie». Se integró al habla popular la expresión con una frase sustantivada «voy a darles el de pie» (N de E).

Recorro todo con la vista, queriendo grabar en mí la esplendidez de la Naturaleza que nos rodea. Seguramente querré contarle un día a alguien lo que estoy viendo ahora y no sé si lo lograré entonces.

Y es que esto es la belleza... pero también es la paz... La paz de un grupo de hombres que se esfuerzan y trabajan por un futuro mejor.

Pienso largamente en algunos de mis compañeros... reconozco el sacrificio de cada uno de ellos y pienso en estos meses de un entrenamiento que antes me parecía absurdo y comprendo nuestra madurez emocional de ahora y la evolución política de la mayoría de nosotros.

Respiro hondamente satisfecha de lo alcanzado por todos hasta aquí.

Al recordar mis antiguas confusiones, las siento ridículas. Recuerdo las últimas cartas de mi madre y sonrío tranquila.

A mi regreso, cuando hable a mis amistades de todo esto, dirán que me han hecho un lavado de cerebro, que soy una panfletista[105]... y no querrán oír la verdad, ni reconocerla.

Sin embargo, nosotros creemos en la igualdad del hombre y en la fuerza de un pueblo, porque lo hemos vivido y lo hemos palpado día por día.

....

   ....

      ....

Vuelvo al paisaje... las rocas gigantescas amparando el río... las piedras que han perdido su aspereza... los árboles rectos y fuertes... las malangas silvestres... los helechos... la hierba fina y alta en los caminos... las montañas, más cercanas ahora, más precisas, erguidas y firmes bajo el sol. Todo el colorido de nuestros montes, subrayando las líneas del paisaje.

—¿Nos vamos?

La voz casi ha llegado a molestarme por inesperada, pero sonrío y contesto con naturalidad.

---

105 Olema parece intuir la crítica que recibirá su novela y más allá, el debate que va a ocurrir a la hora de definir la «literatura revolucionaria». Al respecto, surgieron conflictos generacionales. Para explorarlos, se hizo una encuesta generacional de once escritores (hombres) en *La Gaceta de Cuba* (1966). En la «Respuesta a Jesús Díaz», Ana María Simo, al defender el grupo de jóvenes El Puente, subraya que a partir de 1962 algunos escritores adquirieron un miedo al panfleto como parte de la conciencia literaria acerca del uso del realismo en la literatura (4).

—Sí, vamos.

Al querer ponerme de pie, comprendo que es inútil tratar de hacerlo por mí misma y llamo a las compañeras que vinieron conmigo.

Se acercan y me ayudan a incorporarme poco a poco. La paciencia y el cariño que manifiestan, me sacude por dentro.

Al fin, logran levantarme y regresamos al campamento.

....
....
....

Ha llegado la noche y nos dan orden de prepararnos para salir en la madrugada al segundo viaje. Nos acostamos temprano para aprovechar las horas de descanso.

....
....
....

Han pasado unos cinco días desde nuestra salida de «La Magdalena». Hemos vencido por tres veces El Turquino y nos disponemos a regresar al punto de partida.

Salimos muy temprano en la mañana... Parece como si a todos nos fuera mucho más fácil el camino de regreso. Esto se debe al entusiasmo por el triunfo y al terreno seco ya, que nos permite caminar con más seguridad.

Hasta yo me siento más segura y camino con más rapidez ahora, a pesar de que mi malestar es el mismo.

Hacemos el recorrido en un tiempo récord y entramos en «La Magdalena» al atardecer, cayéndonos de cansancio y llorando de emoción.

Regresar a «La Magdalena» ha sido como regresar a nuestra casa. Nuestro hogar común en la montaña.

La responsable de campamento, ya mejor de su bronquitis, nos da una calurosa bienvenida y queda muy asombrada cuando le dicen que: «Hasta Vilma subió los tres picos».

Al oír este «Hasta Vilma» me doy cuenta de cómo desconfiábamos todos de que mi pierna enferma me permitiera vencer la prueba.

Para celebrar el triunfo común, organizamos una fogata en la que cantamos, recitamos, e improvisamos algunos numeritos chistosos.

Luego, al correr los días, estudiamos ampliamente el libro «Fundamentos del Socialismo en Cuba», para participar en una emulación que se efectuará dentro de unos días en el Campamento Central.

También estudiamos exhaustivamente los cinco primeros capítulos de la Economía Política de la U.R.S.S.[106]

Al llegar el momento, se efectúan tres emulaciones, de las cuales nuestro campamento gana dos.

Felices de los resultados de nuestros esfuerzos, continuamos estudiando día por día.

La responsable de campamento nos reúne y nos destaca que en todas estas emulaciones la que más gana es la Revolución, porque la libertad de un pueblo va en relación directa con su cultura.

Cuando termina de hablar, todos comprendemos que ha dicho la verdad. Nuestra seguridad y claridad de ahora, provienen de la dedicación y el estudio constante de estos meses. Quizás los meses mejor aprovechados de nuestras vidas.

—Nereyda.

—¿Qué, Vilma?

—¿Has tenido noticias de tu casa?

—No, ¿y tú?

—Sí, ayer tuve carta de mamá.

—¿Qué te dice?

—Muy feliz de saberme «definida», como ella dice. Cuenta muchas cosas interesantes de Vilma Esther.

—¿Será verdad que nos iremos pronto?

—Es casi seguro, pero no es noticia oficial todavía.

—Bien, mientras tanto aprovecharemos el tiempo.

—Seguro, los Círculos de Estudio continuarán como hasta ahora y las clases lo mismo.

—¿Qué vas a hacer ahora?

—Iré al río a lavar.

—¿Verdad que se les echa de menos a Asunción y a Fermín al pasar?

---

[106] URSS: Unión de Repúblicas Socialistas Soviéticas (1922-1991). La institucionalización del modelo soviético en Cuba dura más de una década después de la declaración del carácter socialista de la Revolución y culmina políticamente con la Constitución de 1976 (Rojas 6, 11, 126).

—Sí... mucho, sobre todo yo, Nereyda, acostumbrada como estaba a visitarlos casi todos los días.

—¿Dónde se habrán ido?

—A Manzanillo, él tiene una tienda en el pueblo y van a tener un hijo... Asunción tiene muchos proyectos.

—¿Proyectos revolucionarios?

—Ajá.

—Menos mal, entonces Fermín se aclaró.

—Te equivocas, Fermín no se «aclaró». Asunción sí se mantiene firme en sus ideas revolucionarias. En cuanto al marido, es difícil que comprenda, está demasiado pegado a su avaricia.[107]

—Bien, como quiera que sea, podemos darnos por satisfechos, ya los campesinos de la zona tienen «Tienda del Pueblo».

—Sí, ya los niños de por aquí, pueden alimentarse mejor, sin que sus padres sean explotados. Es un paso más de avance.

—Bueno, te dejo, que se me hace tarde.

—Hasta luego.

—Hasta después.

....
    ....
        ....

Cuando regresó del río, me avisan que hay reunión en Intendencia.

Subo lo más pronto que puedo y la responsable me advierte que por la tarde nos reuniremos todos los responsables de pelotones y los profesores, con Luis y con ella.

Me aclara que en la reunión estará presente el Coordinador General de todos los campamentos.

—Esta reunión será larga y delicada, Vilma, en ella trataremos sobre las depuraciones que habrán de hacerse antes de la graduación de ustedes.

—Bien, ¿algo más?

—Por el momento... nada más.

—Hasta después.

---

[107] En tiempos de estímulo a la propiedad colectiva y los proyectos populares, la avaricia se inserta fácilmente en la moral revolucionaria para construir la imagen contrarrevolucionaria del personaje (N de E).

—Hasta más tarde.

Salgo de Intendencia, voy directamente a mi barraca, busco en la mochila y saco mi libreta de «observaciones». Me siento en un rincón bastante apartado y estudio cuidadosamente las fichas acumulativas de cada una de las compañeras de mi pelotón.

Incidentes diarios, faltas más o menos graves, trabajos voluntarios, disciplina, interés por la Revolución, espíritu de sacrificio, compañerismo y mil detalles más.

Toda una lista de detalladas observaciones, hechas sobre la marcha diaria del campamento. Un trabajo delicado y consciente, que ha necesitado de toda nuestra dedicación y nuestra paciencia.

Leo y releo detenidamente cada una de las fichas, recuerdo días y hechos, y luego, cierro la libreta y regreso a guardarla.

....

....

....

En la reunión discutimos ampliamente los casos presentados.

Para los responsables de pelotón, una de las pruebas más difíciles del curso, es la de proceder a las depuraciones.

Debemos de despojarnos de cualquier inclinación que sintamos por las compañeras y presentar con justicia los «casos».

Aquí no puede haber amiguismo ni simpatías, sólo verdad y justicia revolucionaria.

De los casos que presento, hay uno que me llena de tristeza... Edith, una muchacha de unos diecisiete años, de mirada dulce y gestos tímidos, callada, estudiosa, ha sido sorprendida repetidamente por varias compañeras y por mí robando distintos objetos de las mochilas. Más de una vez, le hemos dado oportunidad de rectificar y la muchacha ha recaído en la falta, siempre negando el hecho.

Lo peor de todo es, cuando uno llega a tomarle cariño a la persona. Entonces una se retuerce por dentro y decide, sabiendo que hay que cuidar de la Revolución y defenderla.

En este caso de Edith, he tenido que presentar mis observaciones, las pruebas, y hemos decidido, como se deciden todos los casos, por unanimidad, que debe ser depurada.

Uno por uno, los casos son presentados y decididos.

Al terminar la reunión, estamos realmente agotados, pero ya tenemos en nuestras manos el resultado, el cual se comunica rápidamente al resto del campamento.

Los muchachos y muchachas que han sido depurados deben abandonar el campamento en un plazo señalado por los responsables.

....
....
....

Nuestros últimos días en el campamento transcurren apaciblemente.

Sólo los comentarios del regreso a nuestros hogares, ponen una nota distinta en el ambiente.

Nos sentimos felices con la idea de volver a nuestros familiares, a la vez que algo de tristeza se nos asoma a los ojos, cuando pensamos que el momento de nuestra separación física es cosa de inmediato.

Nos llega la orden de regreso y rompemos a cantar de júbilo.

Los que quedamos en el campamento, hemos aprobado entrenamiento y exámenes. Ansiamos el momento de la graduación y nuestra inquietud crece irrefrenablemente con los últimos minutos de la espera.

Sin embargo, al salir de «La Magdalena», después de oír las últimas orientaciones de los responsables del campamento, al mirar el lugar por última vez, las lágrimas se hacen ver, descubriendo la tristeza de las miradas.

Algo de nosotros queda en aquellas escaleras... en aquellas barracas... en nuestra pequeña Plaza Cívica con las azules montañas de fondo.

Mucho de nosotros queda en aquel apretón de manos a nuestros amigos campesinos y en los adioses, sueltos al aire de la mañana.

Ya nadie oculta el dolor de la despedida... a través de la emoción vemos cada rincón nuestro, quién sabe si por última vez.

El caminito bordeado de cafetos, el río... las rocas grandes cubiertas de musgo... el sol... el aire puro de la montaña... todo va quedando atrás.

Nuestras botas no quieren apresurarse y por eso, de vez en cuando, se nos pegan al fango y detienen nuestros pasos para que podamos mirar atrás una vez más.

Bajar «La Vela»[108]... subir con las sucias mochilas a los camiones... apretados unos con otros... cantando, riendo, haciendo chistes... bajar de los camiones en Yara y subirnos en varios ómnibus... de nuevo los cantos... las risas... los chistes... hasta llegar a Holguín.

Nuestra llegada a Holguín encuentra una acogida afectuosa en la escuela para Técnicos Agrícolas, en la cual, compañeros becados por el Gobierno Revolucionario, realizan un curso intensivo que los capacitará para desempañar cargos útiles al desarrollo de nuestro país.

La graduación se efectúa en el teatro de la escuela.

Hay un poco de tristeza en la mayoría de nosotros, al llegarnos la noticia de que Fidel no podrá asistir.

Con emoción mal contenida, escuchamos las palabras de un enviado del Gobierno Revolucionario... luego entonamos nuestros himnos y al salir del teatro, cada una de nosotras, recibe el saludo cariñoso de los compañeros Técnicos Agrícolas.

—Felicidades, Maestra.

—Gracias, compañero.

Un fuerte apretón de manos... ojos llenos de cariñosa admiración... frases emocionadas...

Desde los ómnibus nos despedimos de los Técnicos Agrícolas.

Nuestras voces se oyen por encima del ruido de los motores.

—Le escribiré, compañerita. No olvide contestarme.

—Seguro, compañero, hasta pronto.

—Que tenga buen viaje.

—Estudien fuerte.

De nuevo las manos en adiós y las emociones golpeándonos el pecho.

Los ómnibus nos conducen a la estación de ferrocarriles...

Un tren nos aguarda para llevarnos a nuestros respectivos pueblos... Un largo tren, cuyos vagones sucios y vacíos parecen reclamar nuestra presencia.

---

108   Nombre de una loma en la Sierra Maestra.

Quinta parte

Regresamos a nuestros hogares.

De nuevo, un tren de tercera clase... Viajamos tres y hasta cuatro compañeras en cada asiento.

Algunas descansan en el suelo, con las despeinadas cabezas sobre las mochilas. Otras han colgado las hamacas en los hierros más próximos al techo y ríen desde arriba burlando nuestro temor.

Rostros radiantes, felices, en todas direcciones... ¡PROYECTOS!...

Cantamos, hablamos... comemos cuantas cosas podemos comprar en cada pueblecito donde se detiene el tren.

Todo el tiempo damos rienda suelta a nuestra alegría, a nuestro optimismo, a la fe absoluta en el porvenir.

Me acerco a la ventanilla... afuera, los árboles parecen perseguirse unos a otros y sus brazos de hojas giran en un ballet fantástico...

...Atrás, muy atrás, las montañas azules... lejanas... donde supimos nacer al ideal más alto... donde comprendimos el verdadero valor de la palabra PAZ...

....

              ....

                            ....

Hemos dormido horas, cuando un golpe violento del tren, nos hace volver a la realidad.

Anochece.

El ronco sonido de la locomotora desaparece y un largo suspiro de humo se escapa de la enorme máquina. Corremos hacia las puertas de salida... Nuestras mochilas tropiezan, las piernas se enredan en la loca ansiedad por salir.

En el andén... la mirada ansiosa de Vilma Esther, mi hija, que busco entre los mil rostros.

Al tratar de acercarme, soy arrastrada por un grupo de compañeros que corren en sentido contrario.

Al fin... las manos de mi hija... el abrazo fuerte... la palabra que no llega a decirse.

El tren arrastra nuevamente sus ruidosos vagones... En las ventanillas, los últimos adioses... las últimas sonrisas que se alejan...

—¡Vilma!, escribe.
—Seguro, buen viaje. ¡Cuídense!
—¡Patria o Muerte!
—¡Venceremos!

El humo de la locomotora nos envuelve... su ronco sonido se pierde a lo lejos.

Todo empezó en el tren... Ahora... ya yo sé mi camino.

Epílogo

«Todo empezó en el tren... Ahora ya yo sé mi camino». Y el camino que ha seguido hoy mi país, duele profundamente. Todo aquello que yo sentía palpitar como algo real era absolutamente incierto.

Todo aquello que está dibujado en el libro, por lo que luché denodadamente en esa época, quedó en palabras. Y el país vino a hundirse en lo que es hoy, un caos económico y social, desastre innegable que cualquiera puede palpar.

Todos los esfuerzos fueron ahogados por una dictadura que ni siquiera ha tenido una justificación lógica ni humana. Hoy, un país que fue visiblemente adelantado, está sumamente atrasado y no existe allí la libertad de pensamiento, ni decisión propia. Una sociedad donde militan la ignorancia y el miedo a cualquier movimiento que no esté estipulado inclusive, por algunos ineptos.

Por todo esto, no seguir a los presuntos líderes del momento, es lo que siempre encargo a nuestros jóvenes. Antes:

Estudiar, profundizar en cada personalidad que se les ponga delante con promesas de mejoras futuras, con falsas poses altruistas. Mirar todo con ojo crítico y exigente, no dejarse arrastrar por bellas palabras engañosas que hagan creer en maravillas venideras. Saber que la verdadera libertad está en ese poder pensar y hacer por uno mismo sin que nada ni nadie te obligue con hipócritas y fingidas realidades.

Saber que hay quienes pueden abrirte los brazos en una aparente generosidad, para luego cerrarlos a tu alrededor con una fuerza maligna, esclavizante, asfixiante.

Cuidar la juventud, ser muy cautelosos en esos años bellos de la vida.

Usar la inteligencia, dominando las equivocadas pasiones que quieran imponerte con repetido vocabulario venenoso.

Vivir para ser libres, para ser uno mismo en lo mejor que se lleve dentro impidiendo la inyección de nefastas ideas en tu ser.

Y donde aquel derrame su disfrazada maldad, no entregar el alma, como hice yo.

Daura Olema García
domingo, 21 de julio de 2019, Turín, Italia

Apéndice

Daura Olema García tiene una juventud de veinticinco abriles y éste es su primer libro de aliento largo.

Este es un libro anotado día a día, minuto a minuto, escrito al principio como con rencor de su corazón hacia una revolución que bajaba del cielo como un rayo o surgía de la tierra como una inesperada explosión. Por eso son sus confesiones al principio del documento: "Busco la verdad de mi país que es mi propia verdad"; "Desconfío, vacilo... no llego a definirme y ésto me sume en una ansiedad inútil".

Tal es la actitud mental, la formación de vida que Daura lleva junto con el estruendo del tren y la franca alegría de los maestros. En lo adelante, día a día va a observar, a anotar; se va a convertir en cronista diaria de cada acontecer por el camino, en el campamento, en las duras jornadas de la Sierra y poco a poco va bien mirando el verdadero rostro de la Revolución.

Este geográfico itinerario por la tierra y la piel de su pueblo ha dejado para nosotros un importante documento, un testimonio sencillo y conmovedor de lo que fueron aquellos días de los primeros maestros de la Sierra. Documento para hoy y sobre todo para mañana.

ONELIO JORGE CARDOSO

Daura Olema sólo había escrito antes poemas y cuentos. "Eran sobre temas evasivos, como el amor y la muerte", ha dicho ella. Tras dos largos años sin escribir, se fue a la Sierra Maestra, formando parte del tercer contingente de maestros voluntarios. A su retorno, compuso con aquellas vivencias la novela premiada. Ya entonces la vida era para esta muchacha su principal motivación. Había aprendido en las montañas, y lo confiesa llena de alegría, que "lo primero es trabajar y vivir revolucionariamente".

Ahora trabaja en el ICAIC; y en el momento en que esta novela llega a manos del público, representa a nuestro país en el VIII Festival Mundial de la Juventud, en Helsinki.

www.ingramcontent.com/pod-product-compliance
Lightning Source LLC
Chambersburg PA
CBHW031553300426
44111CB00006BA/289